加藤陽子
Yoko Kato

満州事変から日中戦争へ

シリーズ日本近現代史⑤

Eurus
Notus
Boreas
Zephyrus

岩波新書
1046

はじめに

ヨーロッパの戦争

一九四五(昭和二〇)年八月、それまでの見なれた地面から、人間や建物をきれいに消しさった空襲や原爆の体験を人々に残し、日本の戦争は終わった。牧野伸顕《のぶあき》の孫、吉田茂の子息にして英仏の文学に深く通じていた文学者・吉田健一は、ヨーロッパの人間と日本人の戦争観を比較して、かつて、こう述べたことがある(『ヨオロッパの人間』)。戦争とは、近親者と別れて戦場に赴くとか、原子爆弾で人間が一時にあるいは漸次に死ぬとかいうことではない。「それは宣戦布告が行われればいつ敵が自分の門前に現れるか解らず、又そのことを当然のこととして覚悟しなければならないということであり、同じく当然のこととして自分の国とその文明が亡びることもその覚悟のうちに含まれることになる」。

ならば、ヨーロッパの人間にとっての戦争と、日本人にとっての戦争は、実体においても記憶においても異なったものとなったに違いない。傀儡《かいらい》国家であった満州国、植民地下の朝鮮、そして沖縄など、いくつかの例外(重大かつ最も苛酷な体験を人々に強いた例外ではあったが)を除けば、多くの日本人にとっての戦争とは、あくまで故国から遠く離れた場所で起こる事件と認識されていたとしても不思議はなかった。

あれは戦争だったのか

よって、日本人にとって中国とは何であったのかを生涯、問い続けた政治思想家・橋川文三が、「日本人はあれを戦争と思っていたのか」との問いを、日中戦争について投げかけていた事実は、あらためて注目されてよいだろう。戦中期に日本浪漫派の思想に共鳴し、戦後それを深く悔いていた橋川ならではの優れた着眼であった。

橋川はいう。考えてみれば、三七年七月に勃発した日中戦争は不思議な戦争だった。日中双方ともに宣戦布告を行わないまま戦闘が続けられるいっぽう、裏面では、太平洋戦争末期にいたるまで、種々の対中和平工作が執拗に続けられていた。日本人はあれを戦争だと思っていたのだろうか。日中戦争の実体と、日中戦争に対する日本側の認識とのずれが致命傷となって、太平洋戦争に突入する際の判断が、上は為政者から下は国民まで狂わされたのではないか。

このように橋川は問いかけ、日中戦争と太平洋戦争とを連結させることばとして、「泥沼化」という形容句しかもたなかった我々の硬直した頭脳を大きく揺さぶった（『シンポジウム 日本歴史21 ファシズムと戦争』）。

戦争ではなく報償

橋川は自ら答えなかったが、日本人が、当時の呼称で「支那事変」すなわち日中戦争をどう認識していたのかは検討にあたいする問題だろう。京都の陽明《ようめい》文庫に保管されている近衛《このえ》文麿《ふみまろ》関係文書の中に「現下時局の基本的認識と其対策」（三八年六月七日付)と題された史料がある。内容から判断して、近衛首相のブレインであった昭和研究会などの知識人の執筆と推定される史料には、次のような日中戦争観がみえる。

「戦闘の性質——領土侵略、政治、経済的権益を目標とするものに非《あら》ず、日支国交回復を阻害しつつある残存勢力の排除を目的とする一種の討匪《とうひ》戦《せん》なり」。中国に対する戦争のさなかにあって、戦争の性質を、あたかも匪《ひ》賊《ぞく》を討つような戦いであると表現していた。むろん華北と華中をつなぐ戦略地点・徐州の陥落後に書かれた史料だという点は考慮されるべきではあるが。

それでは、軍はどう考えていたのだろうか。三九年一月、中支那《なかしな》派遣軍司令部作成の文書「揚子江開放に関する意見」から、その日中戦争観を引いておきたい。「今次事変は戦争に非ずして報償《ほうしょう》なり。報償の為の軍事行動は国際慣例の認むる所」との認識がみえる。日中戦争は戦争ではなく報償なのだと述べていた。ならば、「報償」とはいかなる意味をもっていたのか。

報償は法律用語でいう復仇《ふっきゅう》の同義語であり、国際不法行為の中止や救正を求めるための強力行為と定義される。これは、相手国が条約に違反する行為をなした場合などに、その行為を中止させるため、相手国の貨物・船舶の抑留、領土の一部占領など、強力行使に訴えることをいう。その際、自らの実行した強力行為は法律上、違法とはされない。

近衛の史料も中支那派遣軍の史料も、外部への宣伝のために作成されたものではなく、部内向けの極秘文書であったことを考慮すれば、昭和研究会の知識人や中支那派遣軍の軍人が、目の前の戦争を真に討匪戦と考え、報償・復仇であると考えていたのは間違いないだろう。

　その際、日本側が、報償や復仇に訴えてまで停止させるべきだと信じていた中国側の国際不法行為とは、いったい何であったのだろうか。太平洋戦争に突入する際の

本書のめざすもの

　日本人の判断を狂わせる契機となったと橋川が考えていた日中戦争。この日中戦争を、我々の父祖は、討匪戦や報償・復仇の概念でとらえていた。日中戦争が偶発的な武力衝突から起きたことは現在では明らかにされている。しかし、その日中戦争の根幹にあったのは、三一年九月一八日、関東軍参謀によって謀略として起こされた満州事変であった。

　このように考えてくれれば、満州事変が作為された時点で、日本側の念頭に、すでに報償・復仇の考え方があったであろうとの推測が成り立つ。事実それはあった。リットン調査団が日本を訪れていた三二年三月、大阪商業会議所は次のような覚書を調査団に手渡していた。いわく、「満州の変乱を惹起せるは（中略）支那が条約により日本に認められたる権利を尊重せず、日本をして其の権利を確保する為、正当防衛の行動に出ずるの外なからしめた」。

　この覚書はリットン報告書の附属書にも採録されている。附属書は、日本政府や商工業者が、①中国による日本製品ボイコット（日貨排斥）を、武力によらざる敵対行為であるとして、不戦条約第二条（政策遂行のための戦争を不可とする）に違反すると認識していること、②日本こそ復仇措置をとってよいはずだと「純真に」信じている状況などについて報じ、リットン報告書

第七章ではさらに明快に、調査の過程で日本の商工業者などがボイコットを「侵略行為と為し、之が報復として日本が軍事行動を執りたるなりと主張」した事実を記していた。

当時の日本の為政者や国民が、いかなる経緯によって、心から復仇を主張するようになったのか、それを筆者は明らかにしたいと考える。満州事変、日中戦争の原因が、中国側の国際不法行為にあったなどと主張したいのでは、まったくない。むしろ、国際連盟を舞台とした論戦で中国側は、日本の違法な兵力行為に対抗するためボイコットを行ったのであって、中国のボイコットは復仇措置なのだと反論し、その主張は連盟総会で採択された勧告案に反映された。双方が相手国に対し、国際不法行為を行ったと主張し、自らのとった強力措置は復仇であるから違法ではないと論戦し合う二国、それこそが一九三〇年代の日本と中国の姿であった。

なぜそうなってしまったのだろう。三〇年代の危機は世界的規模における経済的危機であり、英米ソ日など列国の角逐する極東の軍事的危機でもあった。よって危機の皮切りをなす満州事変もまた、中国の国家統一を阻止するために日本が軍事行動をとった事件と説明するだけでは不十分だろう。

いくつかの問い

本書は、満州事変の起源を二〇年代、必要とあれば日露戦後まで遡って探るいっぽう、日中戦争の独自解決の道が事実上消滅する四〇年一〇月の大政翼賛会の成立までを対象とし、次のような問いに答えるべく努めた。

①満蒙特殊権益とは何であったのか、②二つの体制をめぐる角逐は二〇年代の中国をいかに変容させたのか、③リットン報告書は日本の特殊権益論にいかなる判断を下していたのか、④連盟に対して強硬な態度をとった内田外交の裏面にはいかなる論理があったのか、⑤三三年以降、対日宥和に転じたかのようにみえた中国側の立てた戦略にはいかなるものがあったのか、⑥華北分離工作を進めた日本側の意図は何であったのか、⑦日中戦争の特質は何であったのか、また、それはいかなる要因から生じたのか。

第1章では、満州事変のもつ形態上の四つの特質に注目し、世界の情景を瞬時に変えた事変の全体像をまずは描いてみた。「あとがき」までお付合いいただければこの上なく嬉しい。

本巻の記述は、表面的にみれば対象とする時期の点で第4巻と重なる部分をもつ。しかし、三〇年代の危機について、外交と軍事の側面から描くためには、第4巻の時間軸まで遡及して描くことは不可避的なことであった。この点、読者のご理解を得られれば幸いである。

目　次

文中の年号表記については、各章の初出のみ「一九三一(昭和六)年」のように四桁、元号併記のかたちで表記し、以下は誤解のおそれのない限り、「三一年」のように下二桁で表記した。

引用に際しては、読みやすさを優先して、句読点を加え、漢字をひらがなに、かたかなをひらがなに、旧字を常用漢字に改めるなどの措置をとった。引用史料中の注記は〔 〕で示した。参考とした文献は( )で示すとともに、巻末の「参考文献」に各章ごと刊行年順に記載した。史料の出典は、読みやすさを重視して簡略な表記にとどめた。史料で特に表記のない場合はすべて『日本外交文書』(外務省編刊)からの引用である。

本文中には、今日の視点では差別を反映すると考えられる表現も登場するが、歴史的背景に鑑み、そのまま用いている。諒とされたい。

第1章　満州事変の四つの特質

柳条湖事件直後に占領された北大営の航空写真，1931年9月19日(©毎日新聞社)

1　相手の不在

四つの特質

一九三一(昭和六)年九月一八日夜一〇時二〇分、中国東北部(満州)、遼寧省《りょうねい》の瀋陽《しんよう》(奉天《ほうてん》)に近い柳条湖《りゅうじょうこ》で、南満州鉄道の線路の一部が爆破された。関東軍参謀の石原莞爾《かんじ》らによって、二九年から周到に準備された作戦が、ここに実行に移されたのである。

満州事変を歴史的に考えようとする時、なぜこのような事変が起こされたのか、人は、まずその理由から考えようとするだろう。歴史の因果関係に注目するのは自然であり、大切なことでもあるからだ。

しかし、たとえば、二〇〇一年九月一一日、アメリカで起きた同時多発テロの衝撃に接した時、我々は、テロを「かつてなかった戦争(war like no other)」と呼び、まずはその新しい戦争の形態上の特質に注目した。瞬時にして世界の情景を変えてしまうような暴力の実態に迫るには、「かたち」から入るのが適していると本能的に感じたからなのかもしれない。さらに本書に引きつけていえば、満州事変を主導した石原自身、日露戦争、第一次世界大戦に際して、戦争の形態上の変化や特質について、最も緻密に研究を加えていた人物にほかならなかった。

よってこの章においては、満州事変がもっていた形態上の特質について明らかにし、本書全体の導入としたい。満州事変は、①相手国の指導者の不在を衝いて起こされたこと、②本来は政治干与を禁止された軍人によって主導されたこと、③国際法との抵触を自覚しつつ、しかし国際法違反であるとの非難を避けるように計画されたこと、④地域概念としての満蒙の意味する内容をたえず膨張させていったこと、この四点においてきわだった特質をもっていたと思われる。ならば、なぜ、このような「かたち」が選択されたのだろうか。また、このような「かたち」が選択されたことで、満州事変は日本社会をいかに変容させていったのか。それを考えたい。まずは、①からみていこう。

その時の二人

その時、蒋介石《しょうかいせき》は首都の南京を留守にしていた。蒋は、国民政府主席、陸海空軍総司令であったから、政治的にも軍事的にも中国のトップの地位にあったといってよい。張学良《ちょうがくりょう》もその根拠地・瀋陽を留守にしていた。張は、東三省《とうさんしょう》（遼寧省、吉林《きつりん》省、黒龍江省）と呼ばれた東北部の実質的な支配者であり、東北辺防軍司令長官の地位にあった。

本来いるべき場所を離れて、その時、二人は、何をしていたのだろうか。

事変が起こる前、三一年七月から九月にかけて蒋は、約三〇万の国民党軍を率い、江西省を本拠地とする中国共産党・紅軍に対する第三次剿共戦《そうきょうせん》を戦っていた。前年一二月の第一次剿共戦の時点から、蒋の率いる国民党軍は苦戦を強いられていた。蒋の直面していた軍事的脅威はそれだけにとどまらなかった。国民党内の反蒋勢力であった汪兆銘《おうちょうめい》らを中心に、三一年五月二

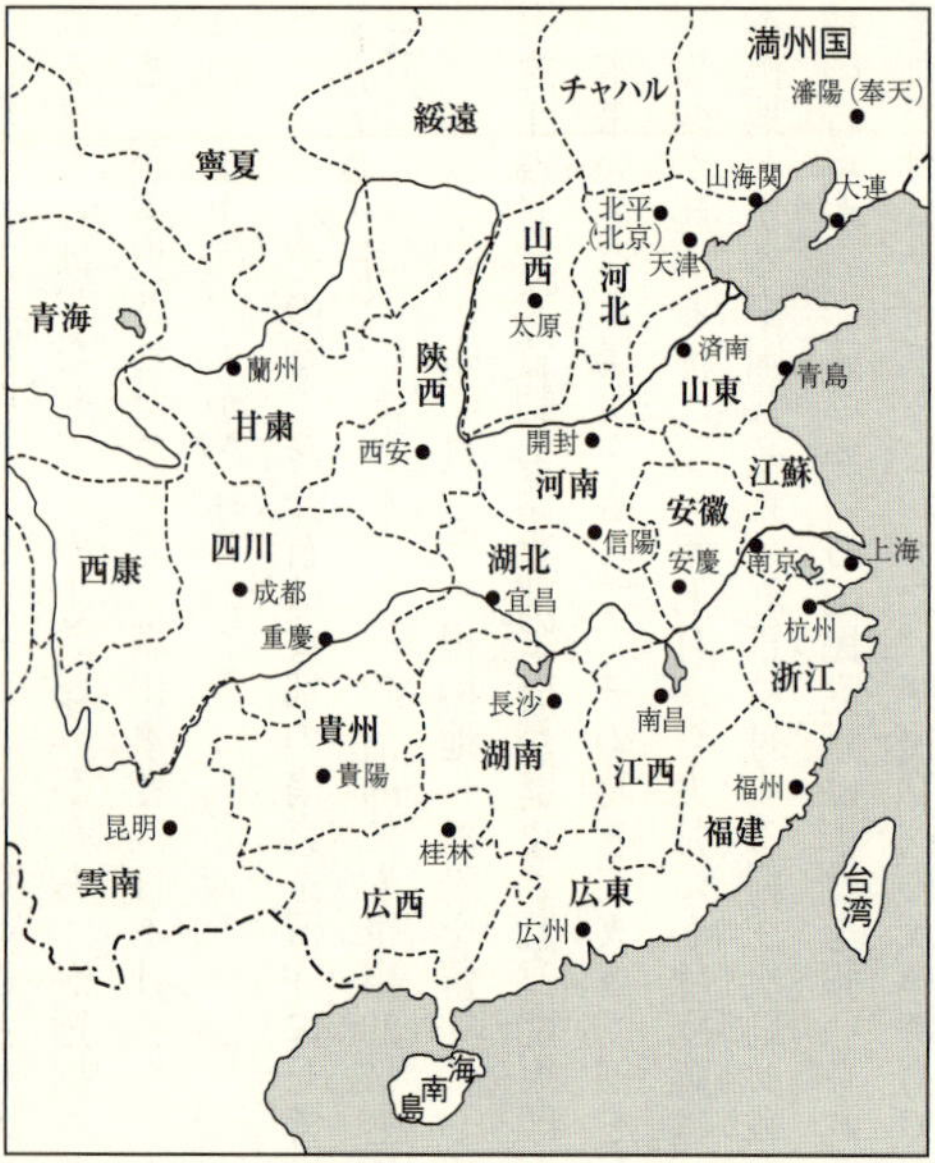

図 **1-1**　1930 年代の中国の省と省都

八日、「広州国民政府」が樹立され、ここに広東派と広西派からなる反蒋連合軍も加わった。事変の五日前にあたる九月一三日、蒋の率いる国民党軍は、この反蒋連合軍を相手に湖南省において戦っていた。蒋は、江西省と湖南省、二つの場所で異なる相手との内戦を強いられていたのである（図1－1参照）。内戦への対応に追われていた蒋は、南京ではなく江西省の省都・南昌で事変の第一報を聞くこととなる。

いっぽうの張学良はどうであったのか。事変前の張は、華北の石友三《せきゆうさん》軍が起こした反乱に対処するため、麾下《きか》の東北辺防軍（以下、東北軍と略す）の精鋭一一万五〇〇〇名を率い、関内すなわち長城以南の華北にいた。結果的に三一年八月四日までに鎮圧された反乱は、そもそも日本側特務機関が石軍を買収して起こさせたものだった。関東軍は事変の準備にあたって、東北軍主力を事前に華北方面に牽制することまでしていた（黄自進「満州事変と中国国民党」）。

張は、三〇年五月の中原大戦において、反蒋連合に加わらなかったことで、南京国民政府から感謝される立場にいた。その結果、北平（北京）・天津の衛戍《えいじゅ》司令や河北省政府主席などの重要ポストを自派で握れるようになり、三一年になると、東三省に加えて華北にも政治的経済的な支配を広げる準備にとりかかっていた。石軍の反乱がなかったとしても、張が東北を留守にする可能性は高かっただろう。事実、彼は瀋陽ではなく北平で第一報を聞くことになる。

このような経過をみれば、蔣と張が本拠地を離れた時をねらって事変が起こされたと考えるのは自然だろう。ではなぜ、こうしたかたちが必要とされたのか。

謀略の深度

関東軍は、日露戦後、関東州の防備および満鉄線の保護を任務として置かれた軍隊であった。一九年四月、武官制の関東都督府が廃止され、関東庁が設置されるのにともない、独立の在満軍事機関として発足した。鉄道守備にとどまらず、日本の在満権益を軍事力によって保護する役割、対ソ戦略を遂行する主体としての役割を、しだいに強めてゆく（山室信一『キメラ　増補版』）。しかしその兵力は、事変前には、内地から二年交替で派遣される駐劄《ちゅうさつ》師団と六個大隊の独立守備隊、合わせて約一万四〇〇名でしかなかった（江口圭一『十五年戦争小史』）。この数を、東北軍約一九万と比べれば、彼我の兵力差に歴然たるものがあったことが理解できよう。

当時の関東軍の兵力で全満州を短期間に制圧しようとすれば、この兵力差が最も問題となったはずであり、その懸念を除去するため、東北軍精鋭とともに張が不在であり、蔣が剿共戦、反蔣連合との戦いに忙殺されていた時期を考慮に入れた上で事変は起こされたのであった。

2　政治と軍人

公会堂で

次に、満州事変の特質の第二点、先に②として示した、本来は政治干与を禁止された軍人によって主導された点についてみておこう。石川県に生まれ、金沢の第四高等学校を経て、二四年、東京帝国大学文学部に入学した青年は、東大新人会での活動後、日本共産党に入党、二八年の三・一五事件(同年実施された第一回普通選挙において、労働農民党候補を立てて公然と活動した共産党に対して、時の田中義一《ぎいち》内閣が治安維持法によって弾圧を加えた事件)で検挙された。保釈後の弱った身体を加療するため、青年は故郷・石川県へ戻った。三〇年頃のことである。青年の名を石堂清倫《いしどうきよとも》といった(図1-2)。

ある日、小松町の公会堂前を通った石堂は、ふだん町では見かけない日焼けした顔の農民たちで公会堂が満員となっている様子を目にする。入口には「時局大講演会」との看板が掲げられ、陸軍省から派遣された少佐が演説していた(石堂清倫『20世紀の意味』)。壇上の少佐は、窮乏のどん底にある農村のさまにふれた後、解決策としては思いきった手段が必要だと説いて、次のように続けた。

いわく、「左翼の組合」は、土地の平等分配を要求しており、これは確かにもっともな主張だが、仮に日本の全耕地を全農家に平等に分配しても、その額は五反歩《ごたんぶ》（一反は約九九二平方メートル）にしかならないではないか、と。この後、次のような、注目すべき、煽動的な一節が述べられるのである。

諸君は五反歩の土地をもって、息子を中学にやれるか、娘を女学校に通わせられるか。ダメだろう。（中略）日本は土地が狭くて人口が過剰である。このことを左翼は忘れている。だから、国内の土地所有制度を根本的に改革することでは改革はできない。ここでわれわれは、国内から外部へ眼を転換しなければならない。満蒙の沃野《よくや》を見よ。（中略）他人のものを失敬するのは褒めたことではないけれども、生きるか死ぬかという時には背に腹はかえられないから、あの満蒙の沃野を頂戴《ちょうだい》しようではないか。これを計算してみると、諸君は五反歩ではなしに一躍十町歩（一反

図 1-2　1922年頃の石堂清倫（石堂清倫『わが異端の昭和史』上，平凡社ライブラリー，2001年より）

の一〇〇倍、ほぼ一〇ヘクタールに相当)の地主になれる。つまり旦那衆になれる。

演説の中にある「左翼」は労働農民党を指し、「左翼の組合」とは日本農民組合などを指すのだろう。かつては小作人主導による小作料減免要求が中心であった小作争議は、少佐の演説がなされた昭和恐慌期になると、地主主導による小作地引き揚げ、小作料滞納一掃要求へと、争議発生の理由を劇的に変化させていた。恐慌で打撃を受けた農村においては小作人だけではなく地主も窮迫し、地主－小作間に土地をめぐる死活的な闘争がなされるようになっていた。小作料ではなく土地が問題であった(図1－3)。

このような背景を理解した上で、今一度、少佐の演説を読めば、ことばのもつひとつひとつの重みがよくわかる。五反、中学校、旦那衆ということばを効果的に積み重ねた後、少佐は、満蒙の沃野を頂戴しようではないかと述べていた。この講演は、陸軍の推進していた国防思想普及運動の地方における一コマであった。

陸軍刑法第百三条

陸軍側が国防思想普及運動にかけていた意気込みは並大抵なものではなかった。本来、軍人は、陸軍刑法第百三条「政治に関し上書建白その他請願を為《な》し、又は演説若《も》しくは文書を以て意見を公にしたる者は三年以下の禁錮に処す」によって、政治運動を禁止されていた。しかし、当時、国民軍縮同盟の尾崎行雄などが批判していたように、

第百三条は遵守されていなかった。

　この点での批判は免れがたいと自覚していた陸軍省は、軍や師団の参謀長に宛て、三一年八月、政府の施政・政策などを軍人が批判した場合は法に触れるが、国防・軍備などに関して、軍人の職責と本務に照らして「事実の解説並びに研究の結果」を発表するのは禁じられていないとの解釈を通牒した（傍点は引用者、以下同じ）。

図 **1-3**　日本農民組合大会（1926 年 7 月か，法政大学大原社会問題研究所蔵）

　同通牒中には、刑法第百三条に触れない具体例として「満蒙における我権益を説明し、該権益の現状を紹介」する例が挙げられていた。事実を紹介した上で日本のとるべき態度につき、聴者や読者に「自然に推断せしむるが如《ごと》きは、毫《ごう》も陸軍刑法第百三条に抵触するものにあらざるなり」と陸軍省は強引な判断を下した（『資料・日本現代史8』）。軍人が法的に政治運動を禁止されており、しかしなお政治運動を行う必要がある場合、事実の説明によって、国民に何をなすべきか推断させればよい、こう陸軍は開きなおり、講演会を全国展開していったのである。

　石堂青年が小松町の公会堂で聴いたように、「満蒙の沃野を頂戴しようではないか」といった明らかな煽動もあったろう。しかし、デモクラシーや共産主義思想の洗礼を受けた国民に対して陸軍が行ったのは、こうした、あからさまな煽動というよりは、むしろ国民に「事実」を示し「推断」させる説得の形式であったのではないか。

推断の具体的手法については、国防思想普及講演会の種本から明らかとなる。種本は、在郷軍人会の機関誌『戦友』や、陸軍将校の親睦・知識交流のために発行されていた『偕行社《かいこうしゃ》記事』であった。そうした記事に共通してみられる特徴は、執拗なまでに数字を挙げていること、歴史的経緯に力点を置いていることだった。一見すると客観的にみえる数値や歴史的経緯のもつ力に訴えて、何をなすべきか国民に「推断」させようというのだろう。

「事実」の内容

ここで、参謀本部第二部長（情報）・建川美次《たてかわよしつぐ》が、三一年三月三日、在郷軍人会本部評議会において「我国を繞《めぐ》る諸国の情勢」と題して行った講演の内容をみておきたい。この講演筆記が後に『戦友』に掲載され（同年七月号付録）、その後の講演活動において、有力な種本の一つとなっていったからである。

まず、ソ連の軍備増強のさまを詳しく述べていた。煩瑣な数字が並ぶ。

航空兵力は一九二七年には九七中隊七〇〇機なりしを、昨年には二〇三中隊約一七〇〇機に増加し（中略）戦車については、一九二七年には戦車隊一〇部隊であったのを拡張して、戦車連隊三連隊、独立戦車大隊四ないし五、独立戦車中隊若干と致しまして、現在は約四〇〇の戦車を持っております。

列挙された数値自体は正確であったろう。だが、この数値が極東ソ連軍の航空機・戦車配備数ではなく、欧州戦線をも含めたソ連軍全体の航空機・戦車数であることは明示されていない。当時の聴き手には、日本の航空機は一〇〇、戦車は五〇といった知識（いずれも三一年九月の数値）があったろうから、ソ連軍の豊かな装備への恐怖感と危機感は、いや増したと思われる。

ついで、建川は、日本の満蒙権益と列国による承認との関係史を次のようにまとめた。

一七年の一一月には石井ランシングの協定が結ばれまして、従来我国の満蒙政策に最も反対して居りました亜米利加《アメリカ》ですらも、満州における我国の権益を認めることになりました。（中略）〔しかし、〕二、三年後の華府《ワシントン》条約において、それが逆戻りをして、全部日本が放棄するのやむを得ざるに至ったのであります。

協定や条約の名前が多く言及されるが、石井・ランシング協定の時点でアメリカや世界から承認されていた日本の満蒙権益が、ワシントン会議では全部廃棄された、との歴史解釈には無理がある。どの部分が問題なのかは第2章以下で明らかにするが、参謀本部第二部長がこのような演説を行っていたのが、満州事変の半年前であったことに注意したい。

条約と国際法

建川による歴史的経緯の説明の二例目もみておこう。条約上認められた日本の権利を中国側がいかに侵害してきたか、それを建川は熱心に論じたてていた。

明治三八〔一九〇五〕年一二月の日清条約の秘密議定書に依りまして、満鉄に並行する線は、満鉄の利益を害するから敷かないという厳格なる取極めがあるのでありますが、〔中国側は〕それを無視して、我国の抗議を負いながら彼自身之《これ》を造ったのであります。（中略）満州における商租権〔当事者商議による自由契約による土地貸借〕というのが残っています。是《これ》は条約書に厳存して居るのであります。然るに今日は一つも行われて居りませぬ。

満鉄併行線（平行線、並行線とも書くが、本書では併行線と表記する）禁止問題と商租権問題の二つは、「条約を遵守しない国」として中国を非難する文脈で、当時にあっては広く論じられていたテーマであった。歴史過程を分析すれば、建川のいうほど事態が単純でなかったことは容易にわかる。だが、建川の演説のうち、どの部分が作為的な誤認なのか、どの部分が無知からする誤認なのかについて、正確に答えられる人間は、当時も今も、さほど多くないはずである。今の時点で建川の議論を読んだ時、なぜか聞き覚えのある感覚にとらわれるのは、現在においても建川と同様の観点から歴史を解釈する議論があるからだろう。

満蒙にかかわる数字や歴史的経緯を「事実」として国民の前に示し、何をなすべきか自然に「推断」させるこの運動は、三一年八月から本格化した。満州事変四日後にあたる九月二二日付の「国防思想普及講演会状況並びに其の反響に関する件報告」で憲兵司令官は、講演会について「反響頗《すこぶ》る大にして寧ろ予期以上の成果を収めつつあり」と満足していた。動員された民衆の数は、九月二四日の段階で、憲兵司令官が把握していただけでも、四八万八一〇〇名にのぼったという(吉田裕「満州事変下における軍部」)。

本来は政治運動に干与しえないはずの軍人が、事実の問題として、運動に積極的に干与していたことから必然的に必要とされた、「事実」と「推断」という説得の形態と方式は、中国問題に関する数値的把握と歴史的経緯への尋常ならざるこだわりを、国民にも波及させたであろう。数値と歴史が問題とされる場合、日本側は、必ずといってよいほど、条約や国際法を論じようとした。

さらに、こうした態度は、世界の大勢が支持する国際法の体系が大きく変化する第一次世界大戦後にあっては、決して小さくない抵抗を受けることを意味する。ここで、アメリカ大統領・ウィルソンのことばを紹介しておきたい。一九年四月、パリ講和会議における四大国会議の席上、山東問題で対立する日中間の主張を聴取したウィルソンは、かたわらの英国外務大臣・バルフォア(首相ロイド・ジョージの臨時代理)に向かいこう述べた。「日本というのは、ことにあたってなかなか難しい国です。私も過去の経験から、日本人は条約の解釈についてたいへん巧妙な説明をすることはよく知っています」(NHK取材班編『理念なき外交「パリ講和会議」』)。

日本の力をうまく制御できなければ太平洋の平和は保たれないと考えていたウィルソンにとっては、条約について「たいへん巧妙な説明」をして、既得権益を死守してくる日本は、手強い相手と認識されていた。

本来は政治運動に干与できない軍人が、刑法第百三条を回避しつつ、満蒙問題の「事実」を国民に啓発し、「推断」させる方式での政治運動を推進しようとする時、数値と歴史がグロテスクなまでに援用されざるをえない構造が必然的に胚胎されたといえるだろう。

3　事変のかたち

不戦条約

次に、満州事変の特質の第三点、先に③として示した、国際法との抵触を自覚しつつ、しかし国際法違反であるとの非難を避けようとしていた点についてみておこう。

関東軍のほか、参謀本部第二部、満鉄調査課などにとっても、満州事変のかたちは、周到に計画されなければならないものであった。彼らが最も懸念したのは、列国、ことにアメリカの干渉であった。干渉を避けるためにも、短期間に全満州を軍事的に制圧する必要があった。

その際彼らが、事変の二年前、二九年に起きた中ソ紛争を、貴重なケース・スタディとして注視していたのは、ほぼ確実だろう。中ソ紛争とは、張学良率いる東北政権の国権回収熱によって、中国とソ連との間に生じた武力衝突をいう。同年五月、張は、ハルピンにあるソ連総領事館を強制捜査し、同年七月、中東鉄路(東清鉄道)の実力回収に及んだが、鉄道利権の原状回復を求めたソ連は、張の東北軍と戦闘を行い、同軍を撃破した。

こうした極東の不安定化をうけてアメリカが動いた。同じ七月、不戦条約の正式発効をまって、国務長官のスティムソンは、紛争調停期間中の、第三国による鉄道管理案を含む調停案を中ソに示した。二九年当時、外相であった幣原喜重郎《しではらきじゅうろう》は、ソ連と密接に連絡を取り合い、アメリカの介入排除に努めた。満州問題は当事国同士で解決すべきだというのが幣原の考えであった。中国から信頼されて仲介に動いていたドイツもまた、日本と共に中ソ二国間交渉を斡旋したため、極東に不戦条約を初めて適用しようとのアメリカの意図は貫徹されずに終わった。

アメリカは、次なる機会にこそ不戦条約を根拠に干渉してくるはずだ。ならば、国際連盟規約、九カ国条約、不戦条約に抵触しない事変の発現形態をとればよい。このような思考の連鎖の結果、国際法に抵触しない戦争の形態が選択されていった。

「民族自決」での回避

こうして選択されたものが、その悪政ゆえに張学良は満州の民衆の支持を失ったとの論理である。当該地域の民衆は、「民族自決」の原理によって国民政府から独立したのだと説明される。三一年秋、事変勃発直後とみられる時期、参謀本部第二部は「満蒙新政権の樹立は表面支那自体の分裂作用の結果なり」と説明すれば、アメリカが武力的干渉に出るおそれはない、との情勢判断に立っていた(『現代史資料7 満洲事変』)。また、三二年一月、関東軍参謀の板垣征四郎《せいしろう》が、荒木貞夫陸相と会見するため東京に持参した書類には、次のような一節があった。「九国条約においても連盟規約においても、日本が支那本部と分離せしめんとする直接行為をあえてすることを許さざるも、支那人自身が内部的に分離するは、右条約の精神に背馳《はいち》せず」(『太平洋戦争への道 2』)。

こうした見方は陸軍の一部の考えにすぎなかったようにもみえる。しかし、政府の課長レベルの決定においても、同様の考え方が確認できる。三二年一月六日、外務・陸軍・海軍三省の課長間で「以上、各般の施措《しそ》の実行にあたりては、つとめて国際法ないし国際条約抵触を避け、なかんずく満蒙政権問題に関する施措は、九国条約などの関係上、できうる限り支那側の自主的発意にもとづくが如き形式によるを可とす」との決定がなされた(「支那問題処理方針要綱」)。

このように日本側は、満州の独立国家化を民族自決から説明した。関東軍は、新政権や新国家に動員されるべき人物が、張学良の満州帰還を恐れ、新政権や新国家への参加を躊躇する可能性を封ずるため全満州の軍事的制圧を急いだ。本章の第1節で述べた点と関連づければ、蒋と張の不在をねらって事変が起こされた背景として、新政権に加わることになってゆく中国側、主として中国東北部出身の政客の躊躇を排除し、早期に治安維持会を組織化する必要性もあったと指摘できよう。中国側によって迅速に新政権樹立がなされたとの弁明が可能であれば、「民族自決」の内実も保証される、こう考えられた。

事実、三二年一一月二一日、リットン報告書の審議にあたる国際連盟理事会の席上、松岡洋《よう》右《すけ》全権は、日本人が満州国の独立を計画したとのリットン報告書の記述部分に対して、次のような反駁を加えた。奉天の地方自治維持会は、早くも三一年九月二六日に独立宣言を発し、続いて、ハルピンや吉林などでも同様の宣言が続いた。これほど迅速に、日本人が事を運べるはずはないではないか、「吾々にかかる能力はない」と(『国際連盟における日支問題議事録　後編』)。

たしかに松岡の述べたとおり、九月二四日、奉天地方自治維持会が設立され、二六日には遼寧省地方維持委員会に改組され、遼寧省政府の機能を代行し、独立が宣言されている。むろん、地方維持委員会が、民族自決原理によって自然に誕生したというのは詭弁であった。三一年九月二二日、関東軍において、板垣、石原のほか、土肥原賢二《どひはらけんじ》、片倉衷《ただし》らが会合し、東北四省(東三省に熱河《ねっか》省を加えた領域)と蒙古を領域とし、清朝最後の皇帝である宣統帝溥儀《ふぎ》を頭首とする政権樹立が構想されていた。

「自衛」で回避

かつて、不戦条約に関して、アメリカの国務長官・ケロッグが、二八年六月二三日、関係各国に送った覚書には、自衛権の悪用について警戒的に述べた次のような一節があった（『日本外交文書』昭和期I、第二部、第一巻、九二文書、以下『日本外交文書』は『日外』と略す）。

> 無法なるものにとりては、協定せられたる定義に適合するよう事件を捏作《ねっさ》すること、極めて容易なるが故に、条約を以て自衛の法律的概念を規定することは、平和のため利益に非ず。

ケロッグの覚書は、同条約の欠点として当時からもしばしば批判のあった点、すなわち自衛権概念が不明確だとの批判に答えて書かれたかたちをとっていた。無法者による悪用を避けるため、あえて自衛権概念を法律的に明確に規定しないとの言明は注目にあたいする。「定義に適合するよう事件を捏作する」とは、三年後に起こされた関東軍の謀略を正確に予言したかのようにみえる。

ここまで述べてきた満州事変の形態的な特質は、以上のようにまとめられる。彼らは、二〇倍の兵力をもつ東北軍を短期間に制圧できないのを自覚していた。彼らは、自らの運動が政治干与にほかならないのを知っていた。彼らは、満州事変における民族自決と自衛の論理がカモフラージュにすぎないとわかっていた。「表面支那自体の分裂作用の結果」、「自主的発意にもとづくが如き形式」ということばからも、それは明白であろう。

本来は政治に干与できないはずの軍人は、何をなすべきかを国民に推断させるため、数字と歴史を援用して、極東の安全感の不安を煽り、中国の国際不法行為の不当を鳴らした。相手国が条約に違反する行為をなしたのだから、自衛権の「定義に適合するよう事件を捏作」するのは、「はじめに」に述べたように、報償であり復仇だと考えられていたのである。

4　膨張する満蒙概念

満州と南満州

講演の中で建川は、満州における我国の権益と述べたかと思えば、満蒙における我国の権益とも表現していた。満州と満蒙とは、その含意する区域が違っていたのだろうか、それとも同じであったのだろうか。最後に、四つ目の特徴、すなわち、地域概念としての満蒙の意味する内容がたえず拡大していったことについて検討を加える。

ある地域を指すことばとして「満蒙」が使われはじめたのは、そこに住む人々によってではなく、日本人によってだった。満蒙を説明するには、まずは満州を説明する必要がある。本書ではこれまで満州と記述してきたが、本来は「満洲」と書くべきものであった。満洲とは、民族名・国家名であったManju(マンジュ)に同音の漢字を宛てたもの、すなわち満洲語の漢語音写であって、そこに住む当事者にとっては空間や地域名を表すものではなかった。

しかし日本では、一六八七年の時点で「康熙帝《こうきてい》の本国満洲」といった表記で使われていたことが確認でき、また一八世紀末に書かれた『北槎聞略《ほくさぶんりゃく》』などで、地域名として満洲を用いた例などもよく知られている。こうした用法は、ヨーロッパ人によって作成された当該区域の地図にも散見された。総じて、一九世紀のロシアの進出と清国支配領域の縮小、清朝体制下での東三省という枠組みの成立とともに、東三省の領域が、ヨーロッパ人と日本人などによって、Manchuria(マンチュリア)あるいは満洲とみなされるようになったといえるだろう(中見立夫「地域概念の政治性」、山室信一『キメラ 増補版』補章)。これ以降、本書は慣例的表記にしたがって、満州との表記に戻る(ただし、引用文中の満洲との表記についてはそのままとした)。

では南満州とはどこを指すのだろうか。南北の境界線はどうなっていたのだろうか。昔から境界線があったわけではない。日露戦後、一九〇七(明治四〇)年七月三〇日、第一次西園寺公《さいおんじきん》望《もち》内閣によって調印された第一回日露協約附属の秘密協約により、日本とロシアは、鉄道と電信に関し、南満州は日本、北満州はロシアの勢力範囲とすると相互に認めあった。その際、地図上の南北の境界線が定められたのである。しかし、この時点では、ロシアの南下に対する南満州権益の予防的措置としての意味が強かった(三谷太一郎『増補　日本政党政治の形成』第二部)。紙の上の境界線をイメージしてみよう。まず、琿春《こんしゅん》を地図上から探し、その地点から筆を起こし、吉林の北を通り、第二松花江に沿って西に進むように線を引き、外蒙古《がいもうこ》(外モンゴル、モンゴル人民共和国)と内蒙古《ないもうこ》(内モンゴル)との境界線にまで筆を進めると、南北の境界線となる。イメージとしては、中東鉄路の昂昂渓《こうこうけい》・ハルピン・ウラジオストックをつなぐ線路を思い描き、その南側に、長春とハルピンの中間地点を通るように平行線を引くと、だいたいこの南北の境界線と重なる(図1-4)。

満蒙とは

では、満蒙の「蒙」には、いかなる意味が付与されていたのだろうか。一〇年七月四日、第二次桂太郎内閣は、第二回日露協約附属の秘密協約を調印し、第一回日露協約の密約で定められた鉄道と電信に関する南北区分線を、鉄道と電信以外の全般的な利益範囲にまで拡張する合意に達した。その際、外蒙古は当然のごとくロシアの勢力範囲とされた。

この後、一一年一〇月の辛亥《しんがい》革命、一二年二月の清朝滅亡という新しい事態に対応するため、第二次西園寺内閣は、同年七月八日に第三回日露協約を調印する。附属の秘密協約において、内蒙古部分について日本とロシアは合意に達し、北京の経度であるグリニッジ東経一一六度二七分より東を日本の、西をロシアの特殊利益地域と決定した。このように、ロシアとの秘密協定の積み重ねによって日本側は、南満州と、内蒙古については北京の経度から東側部分を、自らの利益範囲に入れることに成功する。むろんこうした合意は、中国側の了解をとってなされたわけではなかった。

図 **1-4**　南北満州の境界線（加藤陽子『戦争の日本近現代史』講談社現代新書，2002 年より）

第三回日露協約の裏では、英米独仏の四カ国銀行団による四国借款団によって、清朝倒壊、新政府承認とからみ、日露を同借款団に組み入れることで、日露を牽制しようとする動きが進んでいた。これは六国借款団として一二年六月、成立する。日露は、借款団に加入する際のお互いの除外範囲を決定するためにも、双方の特殊利益地域を確定する必要があった。

このような背景があったために、借款団規約作成の日本側責任者であった内田康哉《やすや》外相の交渉方針が、四カ国側とロシア側双方の出方を警戒したものとなったのは、当然のなりゆきであった。ロシアが広大な地域の除外を指定し、それが各国から承認されてしまった場合、取り返しのつかないことになる。日本は、借款団に対して、南満州のほか「南満州に接近する蒙古」を除外したいと申し入れた。南満州だけの除外では、「蒙古は悉《ことごと》く露国の特殊利益及び利益の範囲内に在ることを是認」することになってしまうからである。米独はこうした日露からの除外要求に反対し、結局「日本銀行団は、本借款が毫も南満州及び南満州に隣接する内蒙古の東部地方における日本の特殊なる権利及び利益を毀損するが如きことなしとの諒解の下に本借款に参加す」との文言が議事録に留められることで妥結した。

東西内蒙古とは

それでは、日露がその東西の部分を分割した内蒙古とは、具体的にはどの地域に相当するのだろうか。日本側の理解によれば内蒙古とは、南は長城線で区切られた、東四盟《アイマク》（哲里木《ジリム》盟、卓索図《ゾスト》盟、昭烏達《ゾー・オダ》盟、錫林郭勒《シリン・ゴール》盟）、西二盟（烏蘭察布《オラーンチャブ》盟、伊克昭盟《イフ・ゾー》）、察哈爾部《チャハル》からなる地域と考えられていた。こうした区分の根拠を日本側は、中国で刊行された各種地誌『中華地理全誌』（上海中華書局刊行）や「職員録の内蒙古職員表」からも明らかであると主張している。しかし同時に、関東都督府の作成したある文書は、東西内蒙古という概念は中国側にはないと次のように率直に認めていた。「東西内蒙古の名称は支那地誌に記するものなく、ただ我が邦人の著書に散見するのみなるを以て、この名称は我が邦人これを命名すと言うを得べし」。

日露による秘密協定で設定された、東西内蒙古という紙の上の地域概念は、日本人による命名に過ぎなかった。東四盟、西二盟、察哈爾部からなる内蒙古を、北京の経度で東西に分ければ、東には東四盟と察哈爾部の一部が入るとし、日本側はこの地域を東部内蒙古と呼んだ。このようにして、一二年、南満州と東部内蒙古とを合わせ、地域概念としての「満蒙」という語彙が新たに誕生したのである。

東蒙をめぐる攻防

利益範囲の設定は、日本とロシアの場合は日露協約の秘密条項で確認しあったものであり、英仏の二列強はそれを「内告」というかたちで知らされていた。しかし、日本の利益範囲が英仏露から認知されていたとしても、当該地域が中国の主権のもとにある以上、中国から法的権利を承認されなければ実体化されえない。

事実、日露戦争の戦勝によって日本がロシアから獲得した権益は、あらためて清国から承認を得る必要があった(表1－1)。中国は、〇五年一二月二二日、満州に関する日清条約及び附属協定に調印し、ロシア権益の日本への移転譲渡を原則として承認した(表1－2)。

しかし、東部内蒙古が日本の利益範囲であると北京に認めさせるのは困難であろうと予想された。一二年の借款団交渉において各国からも指摘されていたとおり、そこには権益の実態がなかったからである。また、同地域を外国の影響下に置くことは、中国の首都が北から脅かされることとなる。これは日英同盟が有効であった時でさえ、イギリスの忌避するところであった。日本は、一五年五月、いわゆる二十一カ条要求を最後通牒付きで行い、南満州及び東部内蒙古に関する条約(表1－3)によって、ようやくその目的を達した。

膨張する概念

南満州及び東部内蒙古に関する条約は、その第四条において東部内蒙古に言及していた。本条文によって日本人は、中国人と合弁であれば同地域で農業及び附随の工業経営が認められることとなった。日本側がこのような要求を行ったのは、またしてもロシアとの均衡の論理からきていた。一二年一一月三日、ロシアは、外蒙古の領域を対象として、治外法権を有したままで内地雑居権を中国に認めさせたが(「露蒙協定附属議定書」)、その先例を日本は持ちだした(臼井勝美『日本と中国』)。だが、外蒙古は中国にとっては周辺地域、すなわち藩部という地位でしかなかったが、南満州や東部内蒙古に相当する地域は、藩部とは根本的に異なる行省の地位にあった。

表 1-1　日露講和条約並びに追加約款(1905 年 9 月 5 日調印)(要約)

1. **[旅順・大連租借権の継承]**　ロシアは清の承諾を以て旅順口，大連並びにその附近の領土及び領水の租借権，及び該租借権に関連し，またはその一部を組成する一切の権利，特権及び譲与を日本に移転譲渡す(第 5 条)．→ロシアが清から権利を獲得した 1898 年から 25 年目にあたる 1923 年に期限を迎える権利．
2. **[東清鉄道南支線の長春・旅順間，附属炭坑その他の利権譲渡]**　ロシアは長春・旅順口間の鉄道及びその一切の支線並びに同地方においてこれに附属する一切の権利，特権及び財産，及び同地方において該鉄道に属し，またはその利益のために経営される一切の炭坑を補償を受けることなく，かつ清の承認を以て日本に移転譲渡すべきことを約す．上記規定に係る清国政府の承諾を得べきことを互いに約す(第 6 条)．→1903 年から 36 年目にあたる 1939 年には中国の買収要求に応ずる義務あり．
3. **[鉄道守備兵]**　両締約国は満州における各自の鉄道線路を保護せんがため，守備兵を置く権利を留保す．該守備兵の数は 1 キロメートル毎に 15 名を超過することを得ず．しかして日本及びロシアの軍司令官は前記最大数以内において実際の必要に顧み，これに使用されるべき守備兵の数を双方の合意を以て成るべく少数に限定すべし(追加約款第 1 条第 3 項)．→中国側は，鉄道守備兵を配置する権限については，ロシアに与えていなかったとして，日本に上記の権利が移転譲渡される理由はないとする．

表 1-2　満州に関する日清条約(1905 年 12 月 22 日調印)(要約)

1. 清国政府は露国が日露講和条約第 5 条及び第 6 条に依り日本国に対して為したる一切の譲渡を承諾す(第 1 条)．
2. 日本国政府は清露両国間に締結せられたる租借地並びに鉄道敷設に関する現条約に照らし，努めて遵行すべきことを承諾す．将来何等案件の生じたる場合には，随時清国政府と協議の上これを定むべし(第 2 条)．
3. 清国は南満州鉄道の利益を保護する目的を以て，該鉄道を未だ回収せざる以前においては，該鉄道附近にこれと併行する幹線または該鉄道の利益を害すべき枝線を敷設せざるべき旨を承諾す(会議の議事録に留められた声明，日本側は秘密議定書の存在を主張)．

ここで注目されるのは、日本側が交渉にあたって、東部内蒙古の範囲を中国側に言明しないようにしていたことである。日《ひ》置益《おきえき》駐華公使に対する加藤高明《たかあき》外相の訓令には「此際我方より進《すすん》で支那側に言明する必要もなく、又右の範囲は漠然と致し置く方可然《しかるべし》」との一節がみえる（一五年五月一〇日）。東部内蒙古の範囲を言明しない方が有利であるとの認識があった。

先にみたように、日本側は当初、東部内蒙古を、東四盟と察哈爾部の一部と考えていたが、その際、当該地域は中国側の制度改正により、二八（民国一七）年、熱河省と改称され、三二年の時点では二二県を包含する地域となった（内田尚孝『華北事変の研究』）。それにともない、東四盟と察哈爾の一部をその実質的な内容としていた東部内蒙古は、三二年時点では、熱河省と察哈爾省すべてを合した領域として日本側に認識されるようになっていたことが関東庁作成の地図からわかる（図1－5）。

このように、中国側が地方行政制度を整備する機会をとらえて日本側は、自らが東部内蒙古と呼称する領域を、拡大解釈していった。当初

表1-3　南満州及び東部内蒙古に関する条約（1915年5月25日調印）

1. 両締約国は旅順・大連の租借期限，並びに南満州鉄道及び安奉鉄道に関する期限を，いずれも99カ年に延長すべきことを約す（第1条）.
2. 日本国臣民は南満州において各種商工業上の建物を建設するため，又は農業を経営するため必要なる土地を商租することを得（第2条）.
3. 日本国臣民は南満州において自由に居住往来し各種の商工業その他の業務に従事することを得（第3条）.
4. 日本国臣民は東部内蒙古において支那国国民と合弁に依り農業及び附随工業の経営をなさんとする時は支那国政府は之を承認すべし（第4条）.

図 **1-5** 「各種権益一覧図」(関東庁『満蒙権益要録』1932年より)

は南満州と東部内蒙古を指す概念が、東三省に熱河省、察哈爾省の二省を加えた地域概念に変貌した。さらに、三二年の満州国の樹立以前は、長城線の北側におかれた熱河省と河北省の省境を、日本は、満州国創建の過程で長城線の南側に置く解釈をとり、満州国内に編入する考えを示していた。これは三三年の塘沽《タンクー》停戦協定とそれに続く交渉で追認される。以上、このように、日本の採った方法は、まず、ことばを地域に与え、ついで、そのことばに包含される実態を、時間とともに膨張させるやり方であった。

第2章　特殊権益をめぐる攻防

ワシントン会議の開会式に向かうアメリカ全権団，1921年11月（©毎日）

1　列国は承認していたのか

遺産の記憶

第一次世界大戦後、英米仏などの列国と共に日本は、ドイツとロシアの急速な体制変化を横目にみながら、戦後の東アジアと太平洋をめぐる経済秩序の再編に取り組んだ。再編の過程では、戦前や戦中に日本が当該地域との間に構築した政治的経済的地位もまた、当然、再定義を迫られることとなる。

一九二〇年代、日本はヴェルサイユ＝ワシントン体制と協調する道を選択した。しかし二〇年代こそは、それまでの日本の国家としての軌跡をいかに評価すべきなのか、実のところ、為政者の間においてすら、意見の一致を見いだせなかった時代であった。大戦後には公式の帝国は認められなくなったが、それでは、大戦前において、日本の満蒙における特殊地位は列国の承認を得ていたのだろうか。満蒙における日本の特殊権利と特殊利益について、果たして列国は承認を与えてきたといえるのだろうか。

この問いに答える過程で、まったく異なる三つの立場が現れる。一九一八（大正七）年から二〇年にかけて英米仏日間で話し合われた新四国借款団交渉を契機として、日本側の過去の記憶は、一気に洗い出され、再検討を迫られた。交渉をきっかけとして生まれた三つの観点は、いかに二〇年代を生き延び、三〇年代に引き継がれていったのだろうか。この問題を本章では考えたい。

遅れてきた帝国

遅れてきた帝国主義国家であった日本にとっては、韓国併合も、南満州と東部内蒙古の勢力範囲化も、東アジアにおけるその時々の列強、英米やロシアなどの同意と承認があって初めて実現可能であった。こうした近代日本の特徴を最も端的に指摘したのは三谷太一郎である。日本の国家的独立は、いっぽうでは西洋からの独立を、他方ではアジアからの独立を意味したとし、日清戦争を脱亜の第一段階、日露戦争を脱亜の第二段階とする。一一(明治四四)年の関税自主権の確立による条約改正の完成は、その当然の帰結と位置づけられる(三谷太一郎『増補　日本政党政治の形成』)。

明治も末年になって、ようやく不平等条約の桎梏《しっこく》を脱しえた日本に、次なる課題としてのしかかってきたのは、日露戦争で負った外債の重圧であった。その間、貸し手であった欧米列強の意向から日本が自由であったとは考えにくい。不平等条約と外債の二つは、日本の外交政策を長期にわたり根本のところで規定しただろう。しかし、第一次世界大戦の勃発により、参戦各国の軍需やアジア向け輸出が急伸した結果、開戦時に一五億一五六〇万円の債務国であった日本は、一八年の時点では、一億八七三七万円の債権国に変貌をとげていた(高村直助ほか編『日本歴史大系5　近代2』)。

第一次世界大戦中から明確になってきた、脱植民地化の動きや、公然たる帝国主義支配の終焉は、日本においても時勢の変化として認識されていた。パリ講和会議において日本は、山東権益をめぐる問題で中国から激しい非難を浴びた（図2-1）。だが、同問題については、日本の対独講和不参加という決定的ダメージを回避しようとした英仏が日中米間の斡旋に動き、講和条約の条文でいえば、日本は山東に関するすべての要求を貫徹させることができた（第一五六～第一五八条）。日本は戦後世界に軟着陸できたかにみえた。

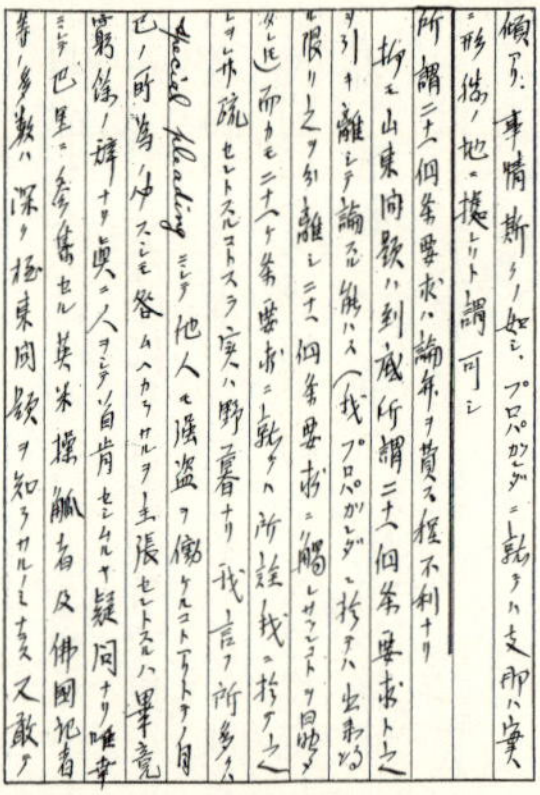

図**2-1**　牧野伸顕宛て松岡洋右書翰，「二十一個条要求ハ論弁ヲ費ス程不利」とある（国立国会図書館憲政資料室蔵）

新四国借款団

しかし真の闘いは、パリ講和会議そのものではなく、講和会議と同時にパリで進められていた、英米仏日の四カ国を代表する銀行団による、予備銀行家会議の席上において開始されていたのである。大戦終結後の中国市場に対していかに国際金融資本が干与するのか、その借款条件が話し合われていた。そもそもこうした動きは、一八年七月、アメリカが、中国に既得権益をもっていた列国、すなわち英仏日に借款団形成を呼びかけたもので、アメリカからはウォール街の最有力銀行モルガン商会、日本からは横浜正金銀行などが参加し、各国の銀行団をまとめていた。上述の四国借款団を、一〇年五月に成立した英米独仏の四国借款団と区別するため、新四国借款団と呼ぶ。

借款団は、二年以上の折衝期間を経て、二〇年一〇月一五日、ニューヨークで誕生した。中国を対象とした本借款団＝一大国際投資機関の一つの意義は、ウィルソン大統領が唱道した国際主義的理念を、資本主義国家群を軸に実現しようとした、経済版「小国際連盟」たるところにあった(三谷太一郎「国際金融資本とアジアの戦争」)。中国の中央政府・地方政権に対する借款、政府の干与する一切の企業・事業に対する投資まで、おおよそ海外で募集されるすべてをこの機関が扱うことになった。

しかし他方で、この借款団が、第一次世界大戦後の中国を舞台とした英米仏日各国の国家的利益の計算の上に立つものであったのも疑いえない。アメリカは中国の門戸開放と主権尊重を謳うことで日本を牽制するいっぽう、大戦で疲弊した英仏の既得権益が集中する長江流域へと経済的進出を図ろうとしていた(図2－2)。

イギリスはアメリカ側の意図を見抜いた上で、すでに「具体的進捗」がみられる借款計画については借款団の共通化の対象から除外できる、との重大な修正をアメリカから勝ち取った。この修正のおかげで日本も、満蒙に関する鉄道借款の大部分を除外できることになった(明石岩雄「第一次世界大戦後の中国問題と日本帝国主義」、同「新四国借款団に関する一考察」)。

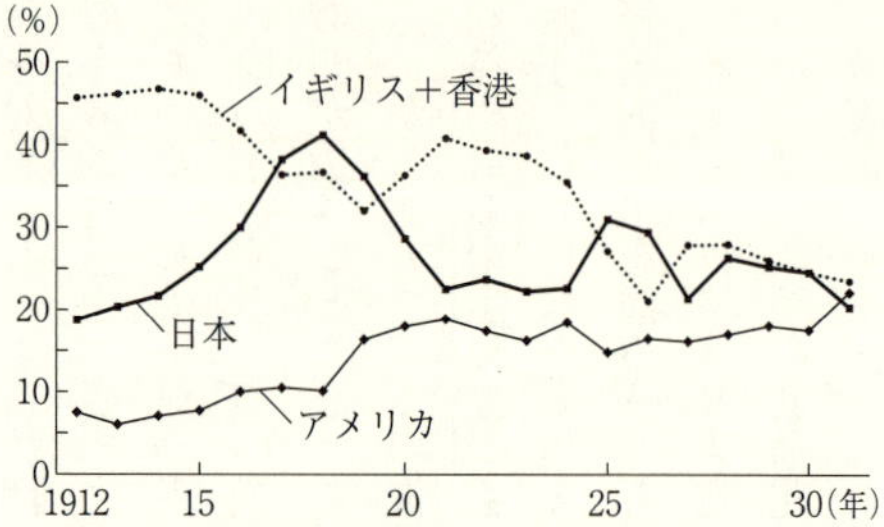

図 2-2　中国の輸入相手国の変遷(南満洲鉄道株式会社調査部編『支那国際収支論叢』日本評論社，1941 年より作成)

列国からの「承認」

原敬《はらたかし》内閣は、第一次世界大戦終結にともなう講和問題への方針決定のほか、大戦と不可分に生じたシベリア出兵についての「戦争」指導を、臨時外交調査委員会(以下、外交調査会と略す)で行っていた。この時期の政府の外交方針は、伊東巳代治《いとうみよじ》の遺した外交調査会会議筆記や『原敬日記』からわかる。

その『原敬日記』の二〇年五月四日の条には次の件りがある。この日、新借款団の投資活動の範囲に満蒙を含めるか否かの問題、いわゆる満蒙除外問題について決着がついたと思われたことで、原は満足していた(図2－3)。

この借款問題は随分長月日を費したるも、我においては満蒙は我が勢力範囲なりと漠然主張し居たるに過ぎざりしものが、今回の借款団解決にて具体的に列国の承認を得たることにて、将来のため我利益多しと思う。

陸軍などに根強かった、満蒙地域全体の除外を主張する「概括主義」を退け、満蒙において、条約もしくはその他の確実な取決めに基づく既得権益のみを除外する「列挙主義」を採ることで、英米仏との困難な交渉をまとめえたとの自負が原にはあったのだろう。この時点で原が、満蒙の特殊権益について、列国から承認を取れたと理解していたのは明らかであった。

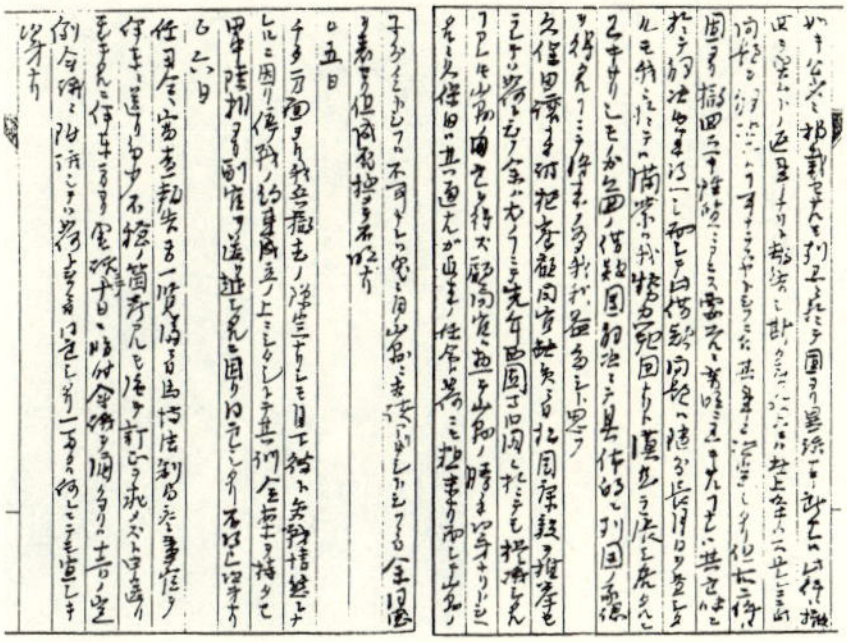

図 **2-3** 『原敬日記』1920 年 5 月 4 日の条(『影印原敬日記』北泉社, 1998 年)

しかし、事態はそれほど単純だったのだろうか。具体的な折衝の過程をみる必要があろう。借款団は二〇年一〇月に成立したが、前年五月一一日、パリで開催された新四国借款団会議において、英米仏のうち、特にアメリカと日本側との意見の相違が明らかとなった時点にまで、時間をさかのぼらせて考えてみたい。日本代表は会議で「日本は満蒙に地理的歴史的特殊関係を有すること、並びに諸国がすべての機会において、これを承認したること」を指摘し、当該地域において日本の有する権利・優先権は新借款団より除外されるべきものだと発言した。

図2-4　伊東巳代治(©毎日)

この発言に反発したアメリカは、日本側に、アメリカ側は満蒙を除外するいかなる計画も容認できず、この点は英仏政府も同意見であると伝えた。

伊東の疑義

以上のような英米仏側の反応はいち早く外交調査会に伝えられた。一九年八月七日の外交調査会における伊東の反応は興味深い。伊藤博文系の官僚として、明治憲法をはじめ多くの法典の草案を執筆した伊東、外交に自負のあった伊東はいかなる反応をみせたのだろうか。伊東はまず、同年五月の時点、すなわちパリの日本代表に満蒙除外を訓令した時点で、自らが「概括主義」を是認していた非を告白した。

それではなぜ、概括主義を是認したかといえば、それは「満蒙における我特殊地位はつとに列強の〔が、の意味〕確乎《かっこ》たる承認を与え居《お》るものなり、との外務当局の説明に信用を置」いたからだとして、外務省に責任を帰した。だが、特殊地位の解釈をよく考えてみれば「外務当局の所見、必ずしも的確なり」とはいえず、列国は日本に承認を与えてこなかったのではないかと考えるようになった。こう伊東は述べて、勢力範囲といった、本来の国際法の原則からすれば理義名分の正しくない論理を今さら掲げて英米に対抗しようとするよりは、この際、自由競争の精神を発揮し、これまで英仏の勢力範囲であったような地域、たとえば華中へと積極的に進出する気構えが大事ではないかと大胆な主張を行った。

一連の伊東の議論が重要なのは、一九年の時点で、満蒙に対する日本の特殊地位が列強から承認を受けているのかいないのかといった根本問題が、外交政策に関する最高決定機関で、一から議論されていたという点にある。

図 **2-5** 原敬内閣が誕生した時の政友会幹部たち，1918年9月（©毎日）

「承認」の最初の事例

抜本的な指摘を受けた内田康哉外相は、翌週の八月一三日の調査会に答弁を準備せざるをえなかった。

内田は、列国が満蒙における日本の特殊地位を「承認」してきたと外務省が考える事例を読み上げたのである。この日の調査会は永田町の首相官邸で開かれ、会する者に、伊東と内田のほか、原首相、田中義一陸相、平田東助、犬養毅《いぬかいつよし》、元田肇《もとだはじめ》の各委員があり、寺内正毅《まさたけ》元首相、加藤友三郎《ともさぶろう》海相、後藤新平元外相は欠席した。

内田はいかなる「承認」の実態を読み上げたのであろうか。内田は承認の最初の例として自ら外相としてかかわった事績を挙げた。一二年五月当時、英米独仏の間で進められていた四国借款団に日本が加入する際、参加条件として「日本銀行団は、本借款が毫《ごう》も南満州及び南満州に隣接する内蒙古の東部地方における日本の特殊なる権利及び利益を毀損するが如きことなしとの諒解の下に本借款に参加す」との文言を借款契約の議事録に留めたというのであった。政府レベルにおいても、英国ほか米独仏に対し、同年三月一八日、本借款に関連する一切の事項が南満州において日本の有する「特殊権利及び利益」となんら抵触しないと日本は当然期待するものである、と公文で通告したという。

たしかに留保は議事録に留められたし、公文もまた到着しただろう。しかし、事実は、内田の報告を裏切るものであった。日本の留保に対して、ロシアを除く英米独仏の四国銀行団は、自らは政治上の問題に介入する権能をもたないとし、日本の声明を容認または考慮できないと回答していたのである。米独両政府の反対については、第1章ですでにみた。

特殊権益の意味

ここで、日本側が留保を行う際の、ある種の決まり文句を検討しておく。日本側は、南満州及び東部内蒙古における「特殊権利及び利益」の除外を求めていた。一見すると同義反復にみえる特殊権利と特殊利益を併記するのは、二つのことばが固有の意味をもって使われていたからであった。

特殊権利と特殊利益の英訳は、それぞれ special rights と special interests であり、両者は別の意味をもっていた。法律用語としての「特殊」は、名実ともに日本だけが専有する場合に使われる。よって特殊権利とは、主として条約(まれに既成事実)によって認められ、他国には実際には、等しく適用されえない日本の専有権と定義できるだろう。

それでは、特殊利益とは何だろうか。国際法学者・信夫淳平《しのぶじゅんぺい》は次のように解説を加えている。特殊権利の行使の結果として、経済上、政治上、軍事上の施設・経営が行われたとする。その場合、国家にとってその施設・経営の興廃が国家の政策上重要性を有し、したがって対手国《あいて》もしくは第三国がこれを侵害する場合には、国家の力(必ずしも武力とは限らない)をもって、これに対抗しなければならないと考えられるほど重要な、施設・経営上に示された経済的及び政治的発展現象、これを特殊利益と呼ぶ(信夫淳平『満蒙特殊権益論』)。

特殊権利と特殊利益、この二つを合わせた概念が特殊権益であった。特殊権益は英語では special interests と表記され、特殊利益 special interests と区別がつかない。よって特殊権益を表現したい場合、公文などでは、特殊権利及び利益というように併記して表現していた。日本の特殊権益とは何かを厳密に定義すれば、名実ともに日本の専有や優先の認められた権利につき、日本が施設・経営を実行したことによって、経済的政治的に発展をみた現象や状態、ということになる。

ここまで詳しくみてくれば、「南満州及び南満州に隣接する内蒙古の東部地方における日本の特殊なる権利及び利益」の留保が意味するものは一義的にみえる。しかしこの場合でも、狭義の解釈と広義の解釈が可能であることに気づく。最も狭く解釈すれば、南満州と東部内蒙古に日本がもっている優先権のうち、日本が施設・経営したことによって経済的政治的に発展をみた現象や状態については、借款団の事業の対象とならない、ということになる。最も広く解釈すれば、南満州と東部内蒙古においては日本に優先権があり、その占有権・優先権を日本が施設・経営したことによって経済的政治的に発展をみた現象や状態については、借款団の事業の対象とならない、ということになる。

狭義に解釈した場合が、満蒙における特殊権益といえるものを列挙して除外する、いわゆる列挙主義であり、広義に解釈した場合が、満蒙という地域を特殊権益と考えて包括的に除外する、いわゆる概括主義にあたっていた。外交調査会の場で顕在化したのは、将来の新四国借款団について日本が留保をつける場合、列挙主義でいくのか概括主義でいくのかという点だけでなく、過去における列国の承認なるものの内実であった。

イギリスは「承認」したか

さて、一九年八月一三日の外交調査会の席上に戻ろう。内田は、イギリスが「承認」を与えた例の紹介に移った。

①一九一四年、南満州と揚子江の比較に談が及んだ時、イギリスは「日本の南満州に対する地位は経済的以上に政治的利害関係あることを諒認」した。

②一五年、英国外務大臣は本多熊太郎参事官と当時滞英中の石井菊次郎大使に対し、「支那

における日本の発展は当然の運命にして殊に満州地方において然る旨言明」した。

③一九年七月一八日、英国外務大臣代理は珍田《ちんだ》捨巳《すてみ》大使に対して、借款団に対する満蒙除外の不都合を鳴らすいっぽう、「南満州において日本が特殊の地位を占むること勿論の義なる旨言明」した。

④日露協約の度ごとに、秘密協約の内容をイギリス側に内告したことは、日露両国の満蒙における特殊地位をイギリス側が諒認していたことになるはず。

内田の挙げた例は、イギリス側の瑣末な言明を集めたようにみえる。伊東もまたこの点を衝いていた。伊東は四番目の事例、日露協約の「内告」問題をとりあげ、ロシアが消滅し、その後に誕生しつつある国家、すなわちソヴィエト・ロシアが勢力範囲を否定する時代となった今、旧時代の言質《げんち》などをイギリスが是認し続けると考える方がおかしいと肉薄し、こうした言明は「筐底《きょうてい》の廃紙」すなわち紙屑同然だと述べていた。

外務省は、満蒙の特殊権益がイギリスの承認を得ていたと主張しているが、仔細に確認すれば、イギリスは南満州にふれても、東部内蒙古については一度も言及していないことがわかる。また、特殊な地位という場合も、日本の優先権や専有権を認めたものではなく、日本と南満州が、地理的な近接性に鑑みて特殊な利害関係に立っている、との認識を表明したものであった。

一九年の議論は内田よりは伊東の反論に分があった。だが、時代が下ると記憶も変わる。満州事変前においては、現状への痛憤の度合いを高めるためか、記憶は改変され、満蒙の概括的除外が列国から認められていたとの「記憶」が語られるようになっていた。それはたとえば、大連で組織された満蒙研究会が三一年八月に発行したパンフレット『満蒙における日本の特殊権益』からも確認できる。そこには、「〔一二年の四国借款団契約に際しては〕英、米、独、仏の四国政府も暗黙の間に日本の主張を認め、満蒙の特殊権益を承認したのであった」と書かれていた。

2　アメリカ外交のめざしたもの

アメリカは「承認」したか　内田は、一九年八月一三日の外交調査会の席上、アメリカの「承認」の事例も披露した。

①一九一五年三月一三日、いわゆる対華二十一カ条要求（表2-1）に際して、ブライアン国務長官はその公文で「満蒙地方と日本国とは領地接続の関係より、特殊の関係を形成すること」は米国の率直に認めるところ、と表明した（いわゆる「ブライアン・ノート」）。

②一七年一月、ランシング国務長官は日本大使に対して、「支那における各国の優先権は承認すること能わざるも満州は別なり」と言明した。

③一七年一一月二日、石井菊次郎特派大使とランシングの間で交換された公文による共同宣言、すなわち石井・ランシング協定。

まず、アメリカが「承認」したとされる①の例をみてみよう。それまで英米にも秘していた、いわゆる二十一カ条要求第五号の存在を、一五年二月二〇日、加藤高明外相は、アメリカ側に開示せよと駐米大使に伝えた。第五号は、要求(demands)項目ではなく希望(requests)項目であったため開示しなかったと弁明させたのである。①は、こうした日本側の説明を受けてのアメリカの反応であることに注意したい。

ブライアン・ノート

たしかに、①を、満蒙に対する日本の特殊地位を承認した事例だと外務省が認識していたのも無理はない。ノートの内容は次のようなものであった。日本が中国に対して提示した第一号要求(山東問題の処分に関する条約案)と第二号要求(南満東蒙における日本の地位を明確ならしむる為の条約案)について、アメリカは反対すべき根拠を有するが、「領土の隣接によって日本がこれらの地域と特殊な関係にあること」は率直に認めるとして、この点では問題を提起しないと述べていた。

この時点で限れば、アメリカは日本が南満州と東部内蒙古に対して、領土接壌《せつじょう》からする特殊地位に立つと認めていたといえる。当時の加藤外相も、日本の対中要求項目のうち最も核心的な部分である、山東条項と満蒙条項について、意外にもアメリカが抑制的な態度をとったこと

第七条　中国は，99 カ年間，吉長鉄道の管理運営を日本に委任すること．

［第三号］　漢冶萍公司に関する取極案

日本国政府及び支那国政府は，日本国資本家と漢冶萍公司《かんやひょうこんす》との間に存する密接なる関係に顧み，かつ両国共通の利益を増進せんが為，左の条款を締結せり．

第一条　漢冶萍公司は将来的に両国の合弁とする．

第二条　漢冶萍公司に近接する鉱山については，その採掘は公司の同意がいる．

［第四号］　中国の領土保全の為の約定案

日本国政府及び支那国政府は，支那国領土保全の目的を確保せんが為，ここに左の条款を締結せり．支那国政府は，支那国沿岸の港湾及び島嶼を他国に譲与し若くは貸与せざるべきことを約す．

［第五号］　中国政府の顧問として日本人傭聘方勧告，其他の件

一　中央政府に政治財政及び軍事顧問として有力なる日本人を傭聘《ようへい》せしむること．

二　支那内地における日本の病院，寺院及び学校に対しては，其土地所有権を認むること．

三　従来日支間に警察事故の発生を見ること多く，不快なる論争を醸したることも少からざるに付，此際必要の地方における警察を日支合同とし，又は此等地方における支那警察官庁に多数の日本人を傭聘せしめ，以て一面支那警察機関の刷新確立を図るに資すること．

四　日本より一定の数量(例えば支那政府所要兵器の半数)以上の兵器の供給を仰ぎ，又は支那に日支合弁の兵器廠を設立し，日本より技師及び材料の供給を仰ぐこと．

五　武昌と九江南昌線とを連絡する鉄道及び南昌杭州間，南昌潮州間鉄道敷設権を日本に許与すること．

六　福建省における鉄道，鉱山，港湾の設備(造船所を含む)に関し外国資本を要する場合には，先ず日本に協議すべきこと．

七　支那における本邦人の布教権を認むること．

表 2-1　いわゆる対華二十一カ条要求の内容(要約)

［第一号］　**山東問題の処分に関する条約案**

日本国政府及び支那国政府は，ひとえに極東における全局の平和を維持し，かつ両国の間に存する友好善隣の関係を益々鞏固《きょうこ》ならしめんことを希望し，ここに左の条款を締結せり．

第一条　ドイツが山東省に関して有する一切の権利利益譲与等の処分に付，日本とドイツとが協定することを中国は承認すべきこと．

第二条　中国は，山東省，其沿海一帯の地又は島嶼《とうしょ》を，他国に譲与し又は貸与しないこと．

第三条　中国は，芝罘《チーフー》又は龍口と膠州湾から済南に至る鉄道とを連絡すべき鉄道敷設を日本に許すこと．

第四条　中国は，山東省の主要都市を自ら開くこと．

［第二号］　**南満東蒙における日本の地位を明確ならしむる為の条約案**

日本国政府及び支那国政府は，支那国政府が南満州及び東部内蒙古における日本国の優越なる地位を承認するにより，ここに左の条款を締結せり．

第一条　旅順大連の租借期限と，南満州鉄道と安奉鉄道の両期限をそれぞれ99カ年延長する．

第二条　日本国臣民は，南満州及び東部内蒙古において，商工業上や耕作のため必要な土地の賃借権，所有権を取得できる．

第三条　日本国臣民は，南満州及び東部内蒙古において，自由に居住往来し各種の商工業に従事できる．

第四条　中国は，南満州及び東部内蒙古における鉱山の採掘権を日本に与える．其採掘すべき鉱山は別に協定する．

第五条　中国は，下記の事項に対しては予め日本の同意を受けること．

(1)他国人に鉄道敷設権を与えること．(2)南満州及び東部内蒙古における諸税を担保として他国から借款を起こすこと．

第六条　中国は，南満州及び東部内蒙古における政治財政軍事に関し顧問教官を要する場合には，必ず日本に協議すべきこと．

に驚いていたほどである（北岡伸一「二十一ヵ条再考」）。

しかし、この後に続いた展開を一九年当時の人間が忘れてしまったとは思われない。二カ月後の一五年五月一一日、アメリカは、中国と日本に対して、いわゆる「不承認」政策の嚆矢《こうし》とされる通牒（第二次ブライアン・ノート）を送付する。アメリカは「日華両国政府間において既に締結せられ、または今後締結せらるべき如何なる協定または約定といえども、いやしくも中国における合衆国及びその人民の条約上の権利を毀損し、中華民国の政治的もしくは領土的保全を破り、または通常、門戸開放主義として知らるる中国に関する国際政策に反するが如き場合には」承認しないと通告してきたのである。三月一三日のブライアン・ノートの主旨は、五月一一日付通牒で否定されたとみるのが自然だろう。三月から五月の変化は、日中問題を決定する主体が、ブライアン国務長官からウィルソン大統領に移行した変化に対応していた。日本側が最後通牒をもって中国側に迫ったことに対する警告的意図をこめて、五月一一日の通牒は発出された（高原秀介『ウィルソン外交と日本』）。内田が読み上げた①と②の事例の顚末は以上のようなものであった。

石井・ランシング協定

伊東は、ブライアン・ノートについては特に反論を加えなかった。以上の経緯が自明であったからだろう。伊東が批判したのは、③の石井・ランシング協定についてであり、外務側は「特殊利益」を拡大解釈していると衝いた。

石井・ランシング協定についての通説的理解は、第一次世界大戦に参戦するアメリカが、太平洋方面において日本との関係を改善する必要に迫られた妥協の産物、すなわち日米相互牽制の一時的な政治的妥協とみる。参戦するアメリカにとって、太平洋の警備協力、物資供給の調節、極東情勢の安定確保などは是非とも必要であった。いっぽう、日本側は、一五年三月のブライアン・ノートをアメリカ側に再確認させ、「日本は中国において政治的にも経済的にも優越なる利益(paramount interests)を有している」とアメリカに認めさせたかった。

しかし、一七年七月六日のランシング国務長官の覚書はこう書いていた。アメリカは、日本が「中国において政治的にも経済的にも優越なる利益(paramount interests)を有している」と言明することはできない、と。

たしかに、石井・ランシング協定は、中国における日本の特殊利益について述べた部分と、門戸開放主義原則を述べた部分からなっていた。特殊利益についての一文は次のようであった。「合衆国及び日本国両政府は、領土相近接する国家の間には特殊の関係を生ずることを承認す。したがって合衆国政府は、日本国が支那において特殊の利益を有することを承認す。日本の所領に接壌せる地方において殊に然りとす」。領土相近接する国家云々は、モンロー宣言以来のアメリカの原則的立場であった。接壌を特殊利益の基礎に置くことは、〇七年のペルシャ等に関する英露協約でも見られ、当時は一般的な考えであった。

伊東は、石井・ランシング協定の等身大の姿を委員たちに説明し、同協定には、特殊利益について述べた上記の一文の後に、特殊利益の解釈を限定した一節があったことを披露している。それは「支那の領土主権は完全に存在するものにして、合衆国政府は日本国がその地理的位置の結果、右特殊の利益を有するも、他国の通商に不利なる偏頗《へんぱ》の待遇を与え、または条約上の従来他国に許与せる商業上の権利を無視することを欲するものに非ざる旨の、日本政府累次の保障に全然信頼す」というものだった。特殊利益はあくまで地理的近接性から説明され、それは日本の優越権の承認を意味しないことが明言されていた。

3　新四国借款団

交渉妥結　このように、外交調査会において、石井・ランシング協定などの意味について再検討がなされた後、日本は満蒙を概括的に除外しようとする立場をようやく変えた。伊東のいささかくどい説明は原敬を辟易させるに十分だったが、内田の根拠なき楽観主義から、政府の立場を現実的な対応へと変容させたという点では意味があったろう。事実、二〇年三月二日、原内閣は英米仏政府宛てに覚書を送付し、具体的に借款団の事業から除外されるべき、鉄道その他の既得権を列挙する方針に転じた。概括主義から列挙主義に主張を変えたのである。

満蒙除外をなぜ日本側が望むのか、その理由についての説明も変えた。「我が国防並びに国民的生存」上、必要だからというのであった。その上で「南満州及び東部内蒙古地方において日本の国防並びに国民の経済的生存に至大の関係」ある事業については、国家の安全と自衛上、放棄できないと主張した。列挙主義をとりながらも、その理由づけの部分でなお南満・東部内蒙古という地域を包括的に除外しようとする最後の努力が続けられていた。日本と満蒙の関係の特殊性を「治安維持」からの説明に変換しようとしていた（古屋哲夫編『日中戦争史研究』）。

それに対するアメリカ政府の二〇年三月一六日付回答。日本のいう国家の自衛権は、国家間の関係において世界が容認する権利であるから、特殊の宣明は必要ではない、「新借款団が日本の経済的生存または国防に背反する、なんら施措を試みるものあるべしと懸念する要なし」とも述べていた。よって、アメリカ側は列挙主義に転じた日本の姿勢を評価しながらも、借款団規約の大綱の無条件承認を、なお執拗に日本側に希望した。

最終的には、アメリカのウォール街を代表するモルガン商会の事実上の主宰者であったトマス・ラモントが、アメリカ銀行団と日本銀行団の往復書翰の形式で、日本側の意向を明らかにする方式を案出し、交渉は妥結した。二〇年五月一一日のことである。

その日本側訳文では、三点を確認していた。

①南満州鉄道及び、その現在の支線は、同鉄道付帯事業たる鉱山とともに借款団の範囲に属

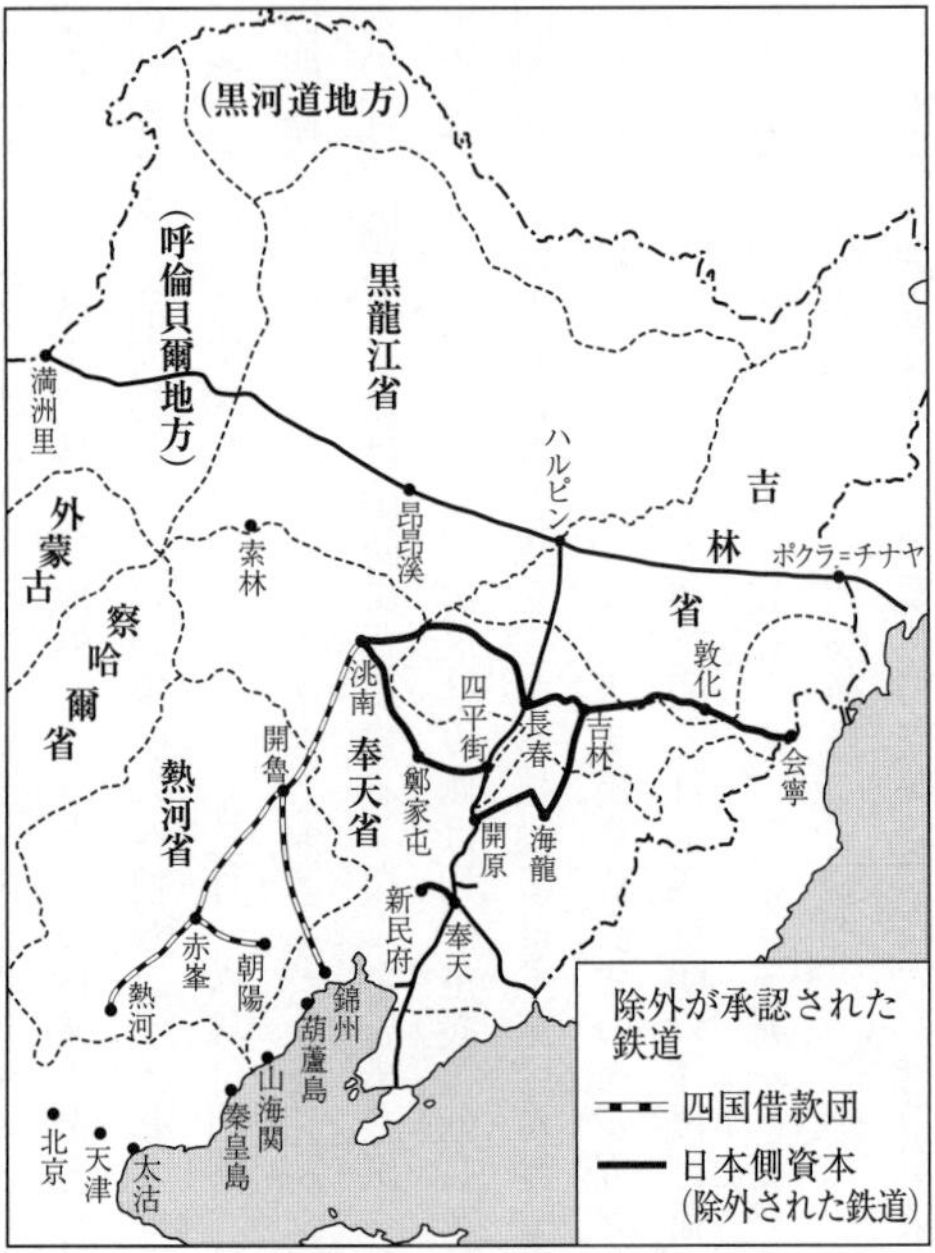

図 2-6　列挙主義的除外の認められた鉄道
(背景の地図は 1932 年頃のもの)

せず。

②洮南《とうなん》・熱河鉄道及び、洮南・熱河の一地点より海港に至る鉄道は、借款団規約の条項内に包含せらるるものとす。

③吉林・会寧《かいねい》、鄭家屯《ていかとん》・洮南、長春・洮南、開原《かいげん》・海龍《かいりゅう》・吉林、吉林・長春、新民府《しんみんぷ》・奉天及び四平《しへい》街《がい》・鄭家屯諸鉄道は、新借款団の共同活動の範囲外にあり(図2-6)。

以上を考察すれば、日本側は、東部内蒙古の留保を放棄したものの、洮南・熱河線以外の列挙主義的な除外要求を、すべて認めさせたといえる。この点で、南満州の特殊権益については、新四国借款団規約という形式で、列国から承認されたとする評価が成立する(臼井勝美『日本と中国』)。原敬がその日記の二〇年五月四日の条に「今回の借款団解決にて具体的に列国の承認を得たること」と記したことは、このような点からいえば正しい認識であったといえる。

しかし、英米は、政府レベルでは、一貫して借款団規約の無条件承認を日本に迫っていた。列挙主義による除外の承認さえ、アメリカ銀行団代表者・ラモントの名においてであった。さらに、ラモントと日本銀行団代表との間に交わされた往復書翰にも、満蒙に対する日本の特殊地位を銀行団が承認したとの文章は、どこにもなかった。

陸軍中央の評価

そうであれば、外交調査会の席上、一貫して概括的除外を求めていた田中陸相など陸軍が、借款団交渉の結末において、原と同じ評価を下していたとは考えにくい。事実、田中は、一九年八月一三日の調査会の席上においても「新借款団問題に付ては、我帝国は脱退を賭して満蒙除外を主張せざるべからず、また満蒙除外の事たる、単に特定の事項に限局すべきに非ず、宜しく地域を主眼として概括的に除外を請求すべきもの」と強く主張していた。田中は、満蒙地域を、日本の勢力範囲とみなすべきだと考えていた。

参謀本部第二部などは、二〇年六月一五日付の「新借款団成立と帝国の対策」で、「新借款団に対する帝国財団加入の条件たる満蒙除外は、ついに列国の容るる所とならず」、「本問題に関する帝国今次の政策は全然失敗」だとの評価を下していた。このように、参謀本部の下した評価は、原首相の評価とは異なるものだった。

列国の立場

以上、四国借款団交渉の経過をふりかえってみれば、満蒙における日本の優越的地位を認めさせようとした日本側の主張に対し、英米側は一貫して反対していたといえるだろう。日本の優越性を認めることは、中国の正当なる国民的感情の見地からしても許されず、中国における列強の利害関係の立場よりみても許されない、と一九年一〇月二八日の回答でランシング国務長官は述べていた。

イギリスもまた、日本は中国の隣国でありその工業力からして、そもそも有利な地位に立っているのだと日本を説得した。その上で、借款団規約第一条の具体的進捗条項によって、南満州に関する日本の既得権益はすでに認められ、安泰な地位にあるのだから、日本が地理的な勢力範囲的な発想に執着する理由が理解できない、と疑問を呈していた。

アメリカの回答が率直に語っているように、英米が日本の除外要求を政府レベルで一貫して認めようとしなかった第一の理由は、中国への配慮であり、第二の理由は、国際金融資本の、次なる格闘の場である大戦後の中国における「列強の利害関係」にあったといえるだろう。

三つの立場

借款団交渉において列国が満蒙における日本の特殊地位を承認したのか、それとも承認しなかったのか、という観点から日本側の政治主体のとらえ方を分類すると、三つに分けられる。第一は、原敬と伊東巳代治の見方である。二人は、二〇年の四国借款団契約以前において、列国は明示的な承認などしてこなかったが、今回初めて具体的に列挙主義による承認をしたのだとの評価を下していた。客観的な国際情勢と願望を区別した冷静な見方であるといえるだろう。また、伊東は、勢力範囲の放棄はむしろ日本に有利だとみていた。長江流域を支配するイギリスの犠牲の上に日米が成長すればよいというのであった。

第二の立場は外務省である。内田外相をはじめとする外務省は、四国借款団契約以前の歴史、満蒙の特殊地位を列国に「承認」させてきた外務省の実績に自信を抱いていたとみなせる。一二年の六国借款団議事録への留保記載から始まり、一五年三月のブライアン・ノート、一七年の石井・ランシング協定などの事例を、外務省は、列国から承認を得た事例と解釈していた。こうした外務省の考え方は、内田に限るものではなかった。石井・ランシング協定締結にいたる過程での本野一郎外相の一連の訓令などを読めば、一七年の時点でなお外務省が、一五年三月のブライアン・ノートを、アメリカ側の承認の先例と認識していたことがわかる。

第三の立場は陸軍であった。陸軍は、二〇年の四国借款団交渉を、列国からの承認が消滅に瀕した契機であるととらえた。先に述べた参謀本部「新借款団成立と帝国の対策」においては、一二年の六国借款団交渉との差異についてわざわざ言及している。「旧対支借款団組織に際し（中略）満蒙除外は、当時これを該規約に明記するを得ざりしといえども、なおこれを銀行団会議録に止むるを得たるに」、今回の借款団では「無条件」加入となってしまったと嘆くのである。「満蒙地域の扼守《やくしゅ》〔確保〕」が「我帝国の生存問題」と考えていた田中のような人間にとっては、二〇年の交渉は、あくまで失敗として記憶されることとなった。

4　不戦条約と自衛権

ワシントン会議

こうした三者の認識の違いは、二一～二二年にかけて開催されたワシントン会議においては表面化しない。周知のように同会議では、日英同盟条約を終了させ、「太平洋方面における島嶼たる領地の相互尊重を約する」英米仏日による四カ国条約が調印された。その他、中国に関する九カ国条約、海軍軍縮条約、中国関税条約などが調印された。九カ国条約の成立を機に、二二年五月、アメリカは石井・ランシング協定の不要となった旨を日本側に伝え、二三年四月一四日、同協定は廃棄された。このように列挙すると、日本に有利とみられた条件がすべて消失していったかのようなイメージが湧く。

しかしアメリカの外交姿勢は、ハーディング大統領とヒューズ国務長官の誕生によって、一九年のパリ講和会議時のそれとは変化していた。アメリカ全権・ルートが提出した、いわゆるルート四原則は、二一年一一月一六日、中国全権・施肇基《しちょうき》が、ワシントン会議の「太平洋及び極東問題総委員会」に提出した「十原則」を基礎とし、イギリス全権・バルフォアの草案とも摺り合わせたものであった。ルート四原則は、中国側の用意した原案に比べて現状維持的な色彩が強いものとなっており、四原則は、同月二一日の総会で「中国に関する大憲章」として採択をみた(川島真『中国近代外交の形成』)。四原則の中には、安寧条項と呼ばれた項目があり、「帝国の国防並びに経済的生存の安全」が満蒙特殊利益に大きく依存するという、日本のかねてからの主張に理解を示したものであった(麻田貞雄『両大戦間の日米関係』)。各国は、中国の既得権益を原則的に維持することで合意し、不平等条約の審議についての義務を将来的に負うものでもない、との解釈も確認された(服部龍二『東アジア国際環境の変動と日本外交』)。

ワシントン会議は、東アジアの海域における英米日の海軍拡張競争に終止符をうち、大戦後の中国に対する列国の経済進出競争についての最小限のルールを定めた。しかし、こと満蒙については何ら新しい決定はなされなかったのである。

国際金融資本のクラブとして、英米仏日が一致して、再び中国にまみえる図式が成立したかのようであった。このようにみてくれば、第１章の第２節で言及した、参謀本部第二部長の建川が論じていたような、ワシントン会議で満蒙権益を「全部日本が放棄する」事態など、事実の問題として起きていなかったことがわかる。

自衛と不戦条約とのリンク

しかし、時代はくだって二八年八月二七日、パリで戦争抛棄《ほうき》に関する条約(不戦条約)が調印される時期になると、これまで、英米からの「承認」という点では最も楽観的な観察をしていた外務省の中においてさえ、認識に変化がみられるようになってくる。

不戦条約の内容は、表2－2をみてほしい。不戦条約が議論されるようになると、再び満蒙権益についての省察がなされるようになったが、その理由は、借款団契約において日本側が英米仏政府に対して提出した二〇年三月の覚書、すなわち五月の妥結前における最終覚書で主張していた満蒙除外理由と、不戦条約が密接な関連を有していたからであった。先にもふれたように、最終覚書で日本は、満蒙が、日本の国家としての国防と、国民の経済的生存にかかわる重大な場所であると説明していた。

不戦条約の交渉過程においては、条約が成立したからといって、自国領土の防衛に限らず、在外自国民保護のためになされる軍事行動などは、以前と同様、承認されるのだとの解釈で多くの国が一致していた。しかし、不戦条約と自衛権の関係をどう位置づけるかについては、英米仏日など、各国の見解にはずれがあった（森肇志「戦間期における「自衛権」概念の一断面」）。

たとえば、アメリカのケロッグ国務長官は、二八年六月二三日付の覚書において、各国はなんら自衛の権利を制限されることはないとしながらも、自衛権の中身については「攻撃または侵入に対して、その領土を防衛するの自由」だけである、と狭く解釈していた。ケロッグは、自衛権が国家に固有の権利であることは認めたが、「自衛権の行使を主張する国は、国際世論と条約の締約国の前で自分の行為を正当だと証明しなければならない」とし、国際世論の存在

表 2-2　不戦条約

1.	締約国は国際紛争解決のため，戦争に訴うることを非とし，かつその相互関係において国家の政策の手段としての戦争を抛棄することを，その各自の人民の名において厳粛に宣言す(第 1 条).
2.	締約国は相互間に起ることあるべき一切の紛争又は紛議は，其の性質又は起因の如何を問わず，平和的手段に依るの外，之が処理又は解決を求めざることを約す(第 2 条).

が、自衛権の主張に説得力をもたせるのだとした(篠原初枝『戦争の法から平和の法へ』)。

イギリスの留保

イギリスは、不戦条約第一条に留保を付した。「英国政府は世界のある地域において防衛及び保全が、英国のため特別かつ緊切の利害関係あることに注意を喚起せんとす。(中略)これらの地域の攻撃に対して防護することは英国にとりては自衛手段なり」として、明言は避けたがエジプトとペルシャ湾についての行動の自由を留保した。

日本においては、「人民の名において」という、条約締結の主体をめぐる議論が政府・枢密院間でなされたが、条約に留保を付さずに調印した。これはなかなか巧妙な措置であった。アメリカにはモンロー主義の原則があり、イギリスには特殊地域除外の留保があった。またフランスは、既得諸条約についての留保を行っていた。多国間条約においては、各国政府の行った留保は締約国全部に適用されるものと考えられていたために、日本はあえて留保をしなかったのである。

在満権益擁護は自衛か

条約調印を終え、批准の直前にあたっていた二九年五月、外務省亜細亜局第一課は、自衛権と不戦条約の関係を整理していた。エジプトとペルシャ湾についての留保をイギリスがなしえたのは、留保をしたのがイギリスだったからである。日本と中国の関係において、日本はイギリスのようにふるまえるのか。これは重要な問いとなるだろう。第一課は「自衛権について」と題し、三点のケースを想定して、議論をまとめていた。

まず一つ目のケース。中国に在住する日本国民を保護するための出兵は、自衛権の発動といえるか。この問いに対し同課は、学説上も実行上も正当化できるとの答えを出していた。

ついで二つ目のケース。満蒙の日本権益擁護は自衛権で説明できるか。この問いに対する答えは非常に興味深いものとなっている。「右権益擁護が自衛権なりとは、自衛権に関する学説より、ただちに演繹し得ざるは明」らかであると、まずはまとめる。

そして、満蒙に対する日本の特殊権益が英米仏三国に「承認せられたる以上、該権益のため適当なる処置を講ずるは、帝国にとり自衛の手段たること列国の承認を得たるものと見做《みな》すを得べし」。満蒙権益の擁護は、自衛権の学説上から無条件に正当だと説明できない、しかし、日本の満蒙特殊権益が英米仏三国から承認されている以上、満蒙権益を擁護するための日本の措置は、列国から承認されてきたといえるだろう、との、二重の留保を付した苦しい説明をしていた。特殊権益については英米仏列国の「承認」があるから、権益擁護の措置は自衛とはいえないにもかかわらず、承認が見込まれるとの判断であった。ここからは、不戦条約締結という新しい状況の発生によって、列国からの承認獲得の意味が、四国借款団規約とは別の文脈で、新たにクローズアップされてきていることがわかる。

最後に三つ目。日本は満蒙権益のため、治安維持にあたるのだと主張できるか。この問いに対しては、自衛権に関する通常の解釈では正当化できないと外務省は率直に認めていた。

地域を概括的にとらえた勢力範囲の設定は認められなくなっても、国防と経済的生存を理由とした権益を列挙すれば認められた時代が二〇年の借款団契約の時代であった。しかし、不戦条約の適用範囲が各国で議論されるなかで、自衛権の中身がより詳細に論じられることになり、その結果、日本と満州の関係が、不戦条約との関係で、再び、定義しなおされる必要が出てきたのである。

二人の外交官

さて、二八年六月のケロッグ国務長官の通牒が発せられてからほどない頃、外務省内においては、日本の満蒙特殊権益について、英米などは果たして「承認」してきたのかという、原内閣以来の問題につき、まったく異なる二つの立場が現れるようになっていた。原や伊東の見方、外務省の見方、陸軍の見方の三者のうち、まず分裂を来したのが、二つ目の外務省の立場であったことは注目される。

日本の特殊地位は過去も現在も承認されているとした外務省の楽観は、もはやすべての外交官には共有されなくなっていた。たとえば、有田八郎外務省亜細亜局長がその一人であった。「東三省の支那本部よりの政治的精神的分離問題について」(二八年七月二一日付)で、次のように論じる(『日外』昭和期I、第一部、第二巻、一八九文書)。

日本が東三省に特殊利益を有すとの点につきては、従来各国に異論あり。今日まで各国としてはこれを承認したることなく、現に最近英国外相さえ下院労働党議員の質問に答え、英国は日本が満州において、なんら特殊の利益を有せるものと認めず、と述べ居る程。

英米などの列国は、これまでにも、日本の満蒙特殊利益などを承認したことなどないのだから、今、日本が東三省を中国本部より分離しようとして中国に圧力をかけたりなどしたら、九カ国条約違反となって大変なことになる、との懸念を表明したものだった。現在、承認をしていないというだけでなく、過去においても特殊利益について承認したことなどないとの認識が有田に現れている。原や伊東の見解とも異なる辛口の評価であった。

いっぽう、駐華公使・芳沢謙吉は、有田とはまったく異なるイメージに立っていた(二八年八月一日、田中外相宛て、『日外』昭和期I、第一部、第二巻、一九九文書)。

元来満州に対する日本の立場は（中略）日本の此の努力〔日露戦争のこと〕に対する報償として、支那より種々の利益を提供したる次第なり。其の結果今日の特殊関係を生ずるに至りたるものにて、満州は日本の経済的生存及び国防上日本には最も重要なる関係に在る次第なるが故に、新借款団創立の際にも右に関し列国の諒解を得たる次第なり。

芳沢は、満州は日露戦争の報償ゆえに、日本との特殊関係を有するとみていた。報償だから列国からの承認も当然とする観点からは、外交交渉によって列国から承認を獲得しようとする意識を生まないだろう。

このように有田と芳沢の例は、先の三つの立場とは微妙に異なるものであった。昔は承認されていたが今はないと考える陸軍に比べ、昔もなかったし今もないと考える有田はより徹底している。日本の外交努力が列国を承認に導いたと認識する内田に比べ、満州は日露戦争の報償ととらえる芳沢はより徹底している。列国からの「承認」をめぐる認識には、為政者や政治主体の間においてすら、かくも大きな認識のずれがあった。このような差異が放置されたままで、満蒙領有論が登場してくる時、そこにはいかなる波乱が起こるのか、それを次章でみよう。

第3章　突破された三つの前提

爆破直後と思われる張作霖爆殺現場，1928年6月4日
（©毎日）

1　二つの体制

三つの前提条件

関東軍幕僚たちは、いかなる経緯で満蒙領有論を抱くようになったのだろうか。このような考え方が説得力をもってくるためには、その前段階として、それまで体制を安定させてきたいくつかの前提条件が掘り崩され、突破されている必要がある。それでは、掘り崩され、突破された前提条件とは何だったのだろうか。

三つの側面からの説明が可能だと思われる。第一には、日本の満蒙権益は条約に基礎を置く確固としたものであり、新四国借款団などによる保証もあるので、だれが東三省を支配してもだれが中国政府の中心となっても懸念する必要はない、との立場をとっていた幣原外交である。中国に対する内政不干渉と、中国における日本の経済的利益の拡大の両立を図った幣原外交は、なぜ説得力をもちえなくなったのか。それを第1節で考えたい。

第二に、張作霖《ちょうさくりん》を通じた満蒙支配の安定性である。ある時期になると、爆殺という極端な手段はおくとしても、張の退陣を望む声は軍部のみならず外務省にも強くなってゆく。張作霖はなぜそれほど忌避されてゆくのだろうか。それを第2節で考えたい。

第三に、総力戦時代において日本が直面すべき戦争準備の困難さである。資源に乏しい日本が総力戦を戦うためには、資財整備や総動員のため膨大な時間と資金を必要とする。『無産階級と国防問題』(一九二九年)を書いた水野広徳《ひろのり》は、こう述べていた。現代の戦争は経済戦とならざるをえないが、物資の貧弱、技術の低劣、主要輸出品目が生活必需品ではない点で、日本は致命的な弱点を負っている。日本は、武力戦には勝てても持久的経済戦には勝てない。「戦争が機械化し、工業化し、経済力化したる現代においては、軍需原料の大部分を外国に仰ぐが如き他力本願の国防は(中略)戦争国家として致命的弱点」をもっている。このような考え方は、いかに反駁されていったのだろうか。それを第3節で検討したい。

政治的軍人

それでは第一の点、幣原外交が説得力をもたなくなる過程と背景から考えよう。ある政治的軍人の話から始める。鈴木貞一《ていいち》は石原莞爾より一年年長で、一八八八(明治二一)年、千葉県に生まれた。陸軍幼年学校ではなく一般中学を卒業後、陸士(一二期)、陸大と順調に進み、一九二〇(大正九)年四月からの参謀本部支那課勤務を皮切りに、上海駐在(同一一月〜二二年二月)、北京公使館付武官副補佐官(二三年八月〜二五年一一月)など、主として中国問題にかかわった(北岡伸一「支那課官僚の役割」)。

ワシントン会議参加国あるいは新四国借款団による国際経済協調体制以外の道が、世界にはありうることを、鈴木は二〇年代半ばにして自覚していた。軍が幣原外交を軟弱だとし、ワシントン体制打破を呼号して国民の説得にかかる際、ではワシントン体制以外に世界にはいかなる体制が可能なのかについて、鈴木は論じることができた(坂野潤治『近代日本の外交と政治』)。こうした、反ワシントン体制を支持する勢力を「反ヴェルサイユ=ワシントン体制」勢力と名づけ、ドイツ、ロシア、中国、日本それぞれにおいて、当該勢力にはいかなる人々がいたのか、またその国際秩序構想はいかなるものであったのかについては、田嶋信雄により研究が進められている(「東アジア国際関係の中の日独関係」)。中国を直接目にした軍人の中に、ワシントン体制を相対化しうる視角がめばえてゆくことに注意したい。

一九六九(昭和四四)年になされたインタヴューで鈴木は次のように述べていた(『鈴木貞一氏談話速記録』(下))。

私が北京におるときでもロシアの北京の大使館と親しく往ききしておったんだが、そのとき向こうが日本とドイツとロシアと三つでもって、支那の反帝運動をいっしょになって助長してやろうではないかというオファ〔提案〕をしてきたことがあるんです。

この談話は二五年頃のことだろう。事実、ソ連外務人民委員・チチェーリンは、同年一月二〇日、北京でなされた日ソ基本条約調印後、佐藤尚武《なおたけ》駐ソ臨時代理大使に対し、日中ソによる三国同盟案をもちかけていた(酒井哲哉『大正デモクラシー体制の崩壊』)。

ソ連の利用

多くの日本人が張作霖を通じた満蒙利権の保持を考えていた当時にあって、鈴木の意見は違った。反長州閥の長老の一人であった上原勇作《ゆうさく》に宛てた二六年八月二五日付の手紙の中で鈴木は、張なしに権益を維持できないと日本人が考えているのは間違いだと述べ、むしろ「張作霖一家亡ぶるも東三省の発展に動揺を来《きたさ》ざる如き対策」をとるべきなのだ、と手紙を結んでいる(『上原勇作関係文書』)。この年四月、すでに段祺《だんき》瑞《ずい》政権が崩壊し、北京は無政府状態となっていた。

図 **3-1**　東条英機内閣に国務相兼企画院総裁として入閣した時の鈴木貞一(前列右側), 1941 年 10 月(©毎日)

二六年にあっても、中国の反帝国主義運動、主としてボイコットの矢面に立たされていたのはイギリスであった。この点に鈴木は注目し、イギリスにいっそうの圧迫と苦痛を与えるためにソ連を利用すべきだとした。圧迫を加えることで、極東での権益維持のためには日本の力が必要だとイギリスに思い知らせるべきだというのである。イギリスは日ソの接近を恐れ、ソ連は日英の接近を恐れているのが今の極東の姿だと観察した後、鈴木は、同年九月一二日付の上原宛て書翰で次のように続ける。

これには是非とも露国の勢力を利用致すの要ありと存候。すなわち露国をして某程度まで広東に其力を振わしめ、英国が中部支那における露国の脅威を感ずる好機を捕えて、日本の主張に聞かしむる事が肝要と存候。

これに続く一節がふるっている。第一次世界大戦においてドイツの国体を変えさせた最大の要因は「米国の「デモックラシー」思想」であった、と。ならば、ソ連共産党の危険性など、アメリカと同程度のものにすぎない、このように鈴木は醒めた認識をもっていた。

ロシア研究の成果によれば、ソ連の二〇年代の外交の基底には、レーニンとチチェーリンによる外交方針があったという。それは、中国への支援と、ヴェルサイユ体制の根本的変更をめざす外交と要約できる。孫文による第一次国共合作は二四年から始まっていた。二六年九月八日、ドイツが国際連盟に加盟し常任理事国となると、ソ連は、それをイギリスによる反ソ統一戦線組織化の一コマだとみなした。イギリスに包囲されるとのソ連の懸念は、北京の実権を握るようになった張作霖が、同年八月、中東鉄路所有の船舶捕獲の行動に出た時のモスクワの反応からわかる。モスクワは、張の背後にイギリスがいるとみていた。鈴木が上原に意見具申している頃は、まさにソ連中枢において強い反英感情が高まっていた頃であった（横手慎二「ゲー・ヴェー・チチェーリンの外交」）。

ソ連の外交路線

しかし、ソ連の極東外交も一枚岩ではなかった。共産党書記長・スターリンは二五年一月の時点で早くも、チチェーリンによる外交路線に疑義を唱えている。中国はいまだ後進国であり被抑圧民族であるから、ソヴィエト権力の同盟者としては不適当だというのである。同時に、中国革命へのソ連の過度の干与が、中国に最大の利権を有するイギリスの反発を招き、英ソの軍事衝突を惹起するのをスターリンは恐れた。チチェーリンとスターリンの対抗関係は、二六年末、チチェーリンと外務人民委員代理・リトヴィノフの対立として現れた。チチェーリンが中国への肩入れを主張したのに対し、リトヴィノフは、あるドイツ外交官によれば、まさに「イギリスに中国を売る」方針、すなわち中国から手を引き、イギリスとの対立を緩和しようとする方針を採ろうとしているようにみえたという。

このように、ソ連内部で中国支援方針に揺れがみられるようになった頃、日本陸軍の中においても興味深い動きがあった。中国公使館付武官であった本庄繁《ほんじょうしげる》が、二六年一二月二九日、鈴木に向けて「南方新勢力と連絡の必要あり。武漢方面に君を急派する」旨を告げたのである。本庄の要請に従って、鈴木は二七年一月、華中の漢口に赴き、国民政府、国民党中央、モスクワから派遣された国民政府顧問・ボロジーン（ボロジンとも表記する）などと協議を遂げた。ボロジーンは、鈴木に対して「日露提携して英米、ことに英国に当たることを主張」したという。

ここで、本庄が鈴木を武漢に急派しようとした日付、二六年一二月二九日に注意したい。本庄のこの措置は、同年一二月二四日に日本側に伝えられた、イギリスの「一二月メモランダム」と関係していた。むろん、二七年一月、漢口・九江のイギリス租界が中国側に実力で回収されることとなった経緯も関係していただろう。同メモランダムの内容は、①ワシントン会議以後、中国情勢は変化したので、既存の条約は時代遅れとなったから、現状に適合させる必要がある、②ワシントン付加税(中国に対し輸入税の増率を、普通品で二・五%、奢侈品で五・〇%認める)の徴収を即時無条件に認め、さらに中国情勢が安定して新しい関税規則が公布されれば、関税自主権を承認する用意がある、③中国に強力な中央政府ができるまでは、地方当局とも交渉する用意がある、というものであった。

イギリスの新方針

イギリスはワシントン会議で決定された中国関税条約の取決めからの離脱もやむなしとし、担保のある確定債権だけを抱えるイギリスに確実に債務を返済できる政府であれば、これまで地方政権扱いしてきた広東の国民政府であっても、交渉してゆく姿勢を示したといえた。実態のない北京政府から国民政府へと軸足を移す声明を行ったのである。寺内正毅内閣のもとで、北京の段祺瑞政権への政治借款(西原借款)を無担保で行った日本には到底できない芸当であった。アメリカも続いた。二七年一月二七日、ケロッグ国務長官は、中国に対して、関税自主権のみならず治外法権撤廃をも示唆した(酒井哲哉「「英米協調」と「日中提携」」)。

当時の中国共産党は、いっぽうでは、モスクワの政治局中国小委員会の統轄下にある駐華ソ連大使・カラハーンとソ連大使館内の北京軍事センターを通じた指揮を受け、他方では、上記の系統とは別のコミンテルン極東ビューローからの指導も受けていた。コミンテルンは中国共産党に対し、ゼネスト・暴動・武装蜂起による上海などの都市制圧、自治政府樹立を指導していた。上海に権益を集中させていたイギリスにとって、漢口・九江で起きた事態が再び上海で起こることは絶対に阻止せねばならなかった。イギリスの「一二月メモランダム」は、国民政府に有利な経済環境を整えることで国民政府の左傾化を抑止する意図があったと意義づけられよう。すなわち、国民政府(党)左派と区別して、蔣介石を中心とする国民政府に支持を与えようとするものだった。中国の激動を前に、英米はワシントン会議で確立された対中国経済プログラムを、自ら棄てさったのである。

国民政府内の対立

ここで国民政府内の対立をみておきたい。二六年七月から、蔣介石率いる国民革命軍による北伐が開始され、北伐軍は、広東から、湖南・湖北・江西など長江沿岸に進出した。北伐とは、兵力を用いて南北中国の統一をめざすものであったが、同時に、北方軍閥の「強大な武力」を覆すことによって民衆運動を発展させ、そこに国民党組織を扶植するものでもあった(家近亮子『蔣介石と南京国民政府』)。対する北京政府側は、東三省に勢力をもつ張作霖を総司令とし、張宗昌《ちょうそうしょう》らを副司令とする安国軍を組織して北伐軍と対峙した。

南北両軍衝突必至の形勢は二七年初頭には明らかになっており、鈴木が中国に到着したのは、まさにそのような時期にあたっていた。

むろん、モスクワは蔣の北伐を援助した。大砲・飛行機代に相当する約二八四万ルーブリを、二六年から二七年にかけて供与する決定が下された(富田武「中国国民革命とモスクワ」)。だが、モスクワの中国援助体制も錯綜しており、国民政府を指導するグループと、中国共産党を指導するグループとの間で対立がみられた。中国革命へのソ連の二つのスタンスは、北伐により急速な南北統一を果たそうとする蔣を支持する国民政府のグループと、中国共産党と連携しながら各地で都市制圧やゼネストを積み重ね、その後に南北統一を果たそうとする国民政府(党)左派との対立に連動していた。左派は、二七年二月、広州国民政府を武漢へと移し(湖南・湖北・江西の三省を支配)、蔣との対立を深めてゆく。

安国軍と軍事的に対峙するいっぽう、蔣は国民政府(党)左派や共産党と対立を深めた。二七年初頭の蔣の評価は未知数であったが、イギリスに続きアメリカもまた蔣に注目していった。同年三月三〇日、アメリカ国務省は、蔣に財政援助を与え、共産党の暴発を蔣によって鎮圧させ、ソ連の中国介入を中止させるとの「新対中国計画」を発表した。

このアメリカの措置は、イギリスの「一二月メモランダム」と同じ意義をもっていた。こうして、同年四月一八日、蔣介石の軍事力を背景に南京国民政府(江蘇・浙江・福建・広東・広西・安徽・四川の七省を支配)が樹立されるにいたった。

英ソ対立

中国を舞台に英米とソ連が暗闘する渦中にあって、鈴木は、日本のとるべき道を連ソ反英にみていた。先に挙げた二七年三月八日付の上原宛て書翰で「多少の犠牲を払うも露国と共にし、飽くまで英を駆逐するごとくすること肝要」と分析する。

英米側が中国に対する新方針を採用したまさにその時、モスクワはリトヴィノフの方向を選びとることとなった。二七年、ソ連は、ジュネーブの国際連盟軍縮準備委員会に初めての代表を送る。リトヴィノフは、ヨーロッパとの協調の中にソ連の進むべき道を見いだそうとしたのである。同年四月六日、北京では、張作霖の指示のもとに、ソ連大使館と共産党支部の捜索がなされ、大使館の隣の中東鉄路事務局と極東銀行も捜索された。同様の事件は上海でも起き、四月七日、上海工部局警察は、ソ連総領事館と外部との交通出入を遮断する挙に出た。ソ連はイギリスとの正面衝突を避けつつ、中国問題への干与を消極化させた。

むろん工部局(租界の意思決定機関である参事会の下で行政事務を管掌する部署)はイギリスの利益を代表するものであったが、イギリスのこうした措置は、中国の労働組合の全国組織である中華民国全国総工会が、空前のゼネストを計画し、上海租界への突入計画を発令したとの情報を事前につかんだからでもあった。

このように、ソ連が中国への干与を消極化し、イギリスが中国への影響力を回復する時期にあっては、連ソ反英という鈴木の主張は、説得力をもたなかっただろう。若槻《わかつき》礼次郎《れいじろう》内閣（外相は幣原喜重郎）はむろんのこと（表3－1）、陸軍中央も、鈴木とは異なった立場をとっていた。参謀本部第二部は、二七年三月二八日の時点で、蔣介石など南方派の穏健分子を日本は擁護すべきであり、中国に対しては英米と協調すべきだと判断していた。それは宇垣《うがき》一成《かずしげ》陸相の考えでもあった。同年四月七日、宇垣は若槻首相に対し、次のように述べた。

表3-1　20年代の内閣と外相

内　閣	外相(兼任は姓のみ)
原　　敬(1918.9.29-1921.11.13)	内田康哉
高橋是清(1921.11.13-1922.6.12)	内田康哉
加藤友三郎(1922.6.12-1923.9.2)	内田康哉
山本権兵衛Ⅱ(1923.9.2-1924.1.7)	山本→伊集院彦吉
清浦奎吾(1924.1.7-1924.6.11)	松井慶四郎
加藤高明Ⅰ(1924.6.11-1925.8.2)	幣原喜重郎
加藤高明Ⅱ(1925.8.2-1926.1.30)	幣原喜重郎
若槻礼次郎Ⅰ(1926.1.30-1927.4.20)	幣原喜重郎
田中義一(1927.4.20-1929.7.2)	田中
浜口雄幸(1929.7.2-1931.4.14)	幣原喜重郎

　中国が共産化しつつある事実は今日となっては何人も否定できない、中国の共産運動が華北や満蒙に波及するのは時間の問題である、よって望まれる対策は「列強の協調によりて共産派を包囲すべき政策」をとることである、と宇垣は述べていた。反共を中国に強いるためにも英米との協調が不可欠、との立場であった。

情勢は、連ソ反英を主張する鈴木の立場を弱めたが、他方で、中国への内政不干渉を説く幣原外交にも不利となっていた。穏健派を擁護し、共産派を包囲するには、何らかの干渉が不可欠であると宇垣は考え、首相への申し入れを行ったとみられる。これまで幣原外交を支えてきた宇垣が、英米協調のいっそうの重視という方向性ではあれ、内政不干渉方針から離れようと決意していたことが重要である。陸軍中央の主流を占める宇垣系が、幣原外交の支持基盤でなくなった意味は大きい。

蔣介石は反共か

それでは、当時の蔣には、英米や日本の期待を背負い、中国共産党や国民政府(党)左派などを包囲する力があったのだろうか。ここで、二〇年の新四国借款団一件を思い出したい。日本にとって、満蒙の優先権について英米列国から承認されるかどうかが大問題となったことはすでに第2章でみた。しかし、新借款団について、これを中国の側からみると、まったく異なったイメージが現れる。二〇年春、中国は五・四運動以来の大規模なストライキで揺れ、同年四月一四日から始まった学生の全国無期限ストライキは、江蘇・浙江・安徽・河南・江西・河北六省に拡大し、二〇の主要都市に及んだ。

このストライキの原因の一つに新借款団に対する強い反対があった。全国学生連合会は北京の列国外交団に対して「今日のごとき危機においては、新借款団が軍閥官僚に対して資金援助することは、彼らに国民を殺戮するための武器を与えるに等しい」と訴えた。学生のほか新聞も、借款団の条件を受け入れることは、民族自立を危うくするとして反対した。その上で中国銀行界も反対を表明したことで、北京政府もついに新借款団との交渉を拒絶するにいたった。英米仏日の銀行団からなる借款団は、同年一〇月ニューヨークで正式発足するが、そこに中国政府の姿はなかった（明石岩雄「新四国借款団に関する一考察」）。

英米仏日四カ国は、誰がみても中国に最も影響力をもつ資本主義国家群であった。二七年四月の段階では、反共を明確にした蔣介石であったが、その蔣が、訪ソ中の二三年一一月二六日、コミンテルン執行委員会で行った講演の一節を知っておくのは意味があろう（田嶋信雄「孫文の「中独ソ三国連合」構想と日本」）。

ワシントン会議で英米仏日の四大資本主義国は、東アジアを搾取する意図を明示した。資本主義列強は中国の軍閥を道具として用い、中国における地位を強固にし、有効な搾取を行おうとしている。国民党はロシア、ドイツおよび中国の同盟を提案する。国民党は、全世界で資本主義の影響力と戦うため、この偉大な三国の同盟を提案する。

蔣の演説は、先に述べた新四国借款団に反対する全国学生連合会の論理に近い。英米仏日を一括してとらえ、資本主義諸国と軍閥との結託を批判していた。その上でヴェルサイユ＝ワシントン体制の外側にあったソ連とドイツとの同盟を提案していた。蔣は田嶋のいう「反ヴェルサイユ＝ワシントン体制」勢力の一員であったといえるだろう。孫文の指示でなされた蔣のソ連訪問は、二三年八月五日から一一月二九日までにわたったが、その際、蔣は、ソ連の党組織と軍事視察を入念に行っていた。孫文が国共合作を決意するのは、この年の一一月のことであった（北村稔『第一次国共合作の研究』）。

二七年、たしかにソ連は中国革命支援の方針を転換した。しかし、蔣の英米仏日観を同時代的に知っていた人間が、このような情勢をみた時、蔣の反共姿勢を素直に信ずることができたろうか。また、二五年から二七年に中国で吹き荒れた反英ボイコットや、英租界の実力回収のさまを目のあたりにした日本人であれば、日本にとっては英米との協調路線の経済的象徴にほかならなかった新四国借款団が、中国からすれば、軍閥を道具として使い、中国を資本主義的に搾取する機関にほかならないとみなされていたことを想起するのは容易であったろう。

松岡の観察　さて、鈴木が漢口に赴いた二七年二月、もう一つの日本人一行が華中を訪れていた。政友会総裁の田中義一の命で、山本条太郎、松岡洋右、森恪《もりつとむ》の三人が、二月二六日、上海の土を踏んだ。彼らは、帰国後に成立した田中内閣のもとで、それぞれ、山本が満鉄総裁、松岡が副総裁、森が外務政務次官、と重用される。「支那時局に関する報告書」（二七年四月）で松岡は視察の知見を、卓抜な表現をまじえつつ、次のようにまとめていた。

「国民党の庇《ひさし》を借りたる共産党は（中略）ボロージンの指揮と他の露人顧問または招聘者《しょうへいしゃ》等の

援助、努力と相俟《あいま》って、漸次国民党の奥座敷に占居」するにいたった。松岡のみるところ、国民党や共産党など南方革命派がモスクワから得た最も重要な宝は、資金や武器の援助ではなく「露国直訳的細胞組織とその運用」にあり、共産党の組織力は確固としたものに成長していたといえた。松岡らは上海で、八〇万人を組織したゼネストを共産党が成功させたのを目にした。「外国の監理せる上海共同租界においてすら、支那共産党が総工会の名の下に自由自在に活動」するさまを実見した松岡は、いわば細胞組織運用の最終テストをモスクワが行い、それは完璧に成功したといわざるをえないと判断した。

列国協調の挫折

ソ連は確かに二七年末に中国と断交した。しかし、「国民党の庇」を借りた共産党の細胞組織の力は証明済みのものとして中国国民の中に根づいた。英米仏日による新四国借款団＝経済版「小国際連盟」の試みは失敗に帰した。ワシントン会議の諸条約は本来、中国に対して、関税自主権と治外法権の回復について、不平等条約改訂のためのプロセスを内包する健全なものであった。だが、そうした諸条約の取決めから、アメリカ、イギリスは自ら率先して離れていった。また思い出さなければならないのは、二五年当時、ボイコットの矢面にイギリスが立たされていた際、日本もまた中国に対する好意の提供競争という点で、イギリスを何度も出し抜いてきたことである。

結局アメリカは、中国との間に、二八年七月二五日、関税自主権を認めた新関税条約を締結した。この条約は完全な条約の形式で調印されたので、通商条約改訂としての意味よりも（片務的最恵国待遇により、中国がすべての国と条約改正を終えるまでアメリカの約束は予約としてしか意味をなさないため）、南京国民政府をアメリカが承認したことの方に、より大きな意味があった。芳沢駐華公使はこうしたアメリカのやり方を「米国側今回の遣口は全然米国式にして（中略）他人の迷惑を毫《ごう》も顧みざるもの」と批判した。

イギリスは少し遅れて、同年一二月二〇日、中国の関税自主権を認めた中英関税条約を締結した。イギリスは中国側の関税増徴による英国貿易の一時的減退よりも、一九世紀以来、イギリスの利益を支えてきた海関（外国人総税務司のもとで関税徴収にあたる機関）制度の維持自体を優先させたのである。

こうした米英等の行動は、中国共産党や国民政府（党）左派の影響力から国民政府を守るためではあったが、幣原外交を支えていた英米列国との協調という前提条件を掘り崩すものにほかならなかった。ワシントン会議の時、アメリカ国務省極東部長であり、二五年から二九年にかけてアメリカの駐華公使であったマクマリーは、三五年の覚書の中で次のように述べている（マクマリー『平和はいかに失われたか』）。

> 脅威が顕著となっても、国際協調の枠組みは無力だった。脅威に対抗したり、備えたりす

るような国際協調行動は、ほとんど行われなかった。その結果、日本は自力で安全を確保しようとしたのであった。〔中国は〕行き過ぎた行動によって、周辺諸国を安心させるのではなく、周辺国の利益と安全を保障していた国際システムを掘り崩していった。それは中国自身の安全と利益を掘り崩すことでもあった。

マクマリーの指摘で優れていたのは、ワシントンとロンドン、二つの海軍軍縮条約の制限下に日本の海軍力を置くことにこそ、ワシントン体制の核心があったと見抜いていた点である。日本に海軍軍縮条約の脱退を決意させるまでの挑戦を中国が行ったのは、中国自身にとっても、その安全と利益を崩壊させたという意味でマイナスとなった。二つの体制の間で動揺する国民政府をワシントン体制の側に引き留めておくために、英米はワシントン体制の経済的ルールを変容させた。それは中国への内政不干渉政策をとる幣原外交の基盤を掘り崩すことになった。また、鈴木貞一などの「支那通」と呼ばれる軍人たちが、ワシントン体制を相対化する視角を、混乱の中国の中で培った点も見逃せない。

2 張作霖の時代の終わり

東方会議

二七年四月に成立した田中内閣は、同年六月二七日から七月七日にかけて、東方会議を開催した。外務省のほか陸海軍省からも対中国政策に関係のある部局の長が出席し、出先機関の代表も一堂に会する会議となった。主な出席者を表3－2に示した。議題は、一般対中政策、対南方政策、対北方政策の三点であったが議論は百出し、政府部内の対満蒙政策の不一致を浮き彫りにした。唯一の決定といいうるものは、満州において敷設すべき鉄道の優先順位であったといっても過言ではない（佐藤元英『昭和初期対中国政策の研究』）。

なおその優先順位についても、吉会《きっかい》［吉林－会寧《かいねい》］線の優先については、外務省も陸軍省も一致したが、それ以外の路線については意見が分かれ、外務は昂斉《こうさい》［昂昂溪《こうこうけい》－斉々哈爾《チチハル》］線を、陸軍は洮索《とうさく》［洮南《とうなん》－索倫《さくりん》］線を主張して対立した。

表 3-2　東方会議の主な出席者

外務本省	外相田中義一 外務政務次官森恪，外務次官出淵《でぶち》勝次，亜細亜局長木村鋭市
在外公館	駐華公使芳沢謙吉，在奉天総領事吉田茂，在上海総領事矢田七太郎
植民地	関東長官児玉秀雄，関東軍司令官武藤信義 朝鮮総督府警務局長浅利三朗
陸　軍	陸軍次官畑英太郎，参謀次長南次郎，陸軍省軍務局長阿部信行，参謀本部第二部長松井石根《いわね》
海　軍	海軍次官大角岑生《おおすみみねお》，軍令部次長野村吉三郎，海軍省軍務局長左近司《さこんじ》政三《せいぞう》
大蔵省	理財局長富田勇太郎

幹事長は木村亜細亜局長，陪聴者として，鉄相小川平吉，陸相白川義則，内相鈴木喜三郎，蔵相三土忠造《みつちちゅうぞう》，文相水野錬太郎，農林相山本悌二郎，内閣書記官長鳩山一郎，外務省情報部長小村欣一.

(出典)『日本外交文書』昭和期Ⅰ，第1部，第1巻，18～19頁より作成.

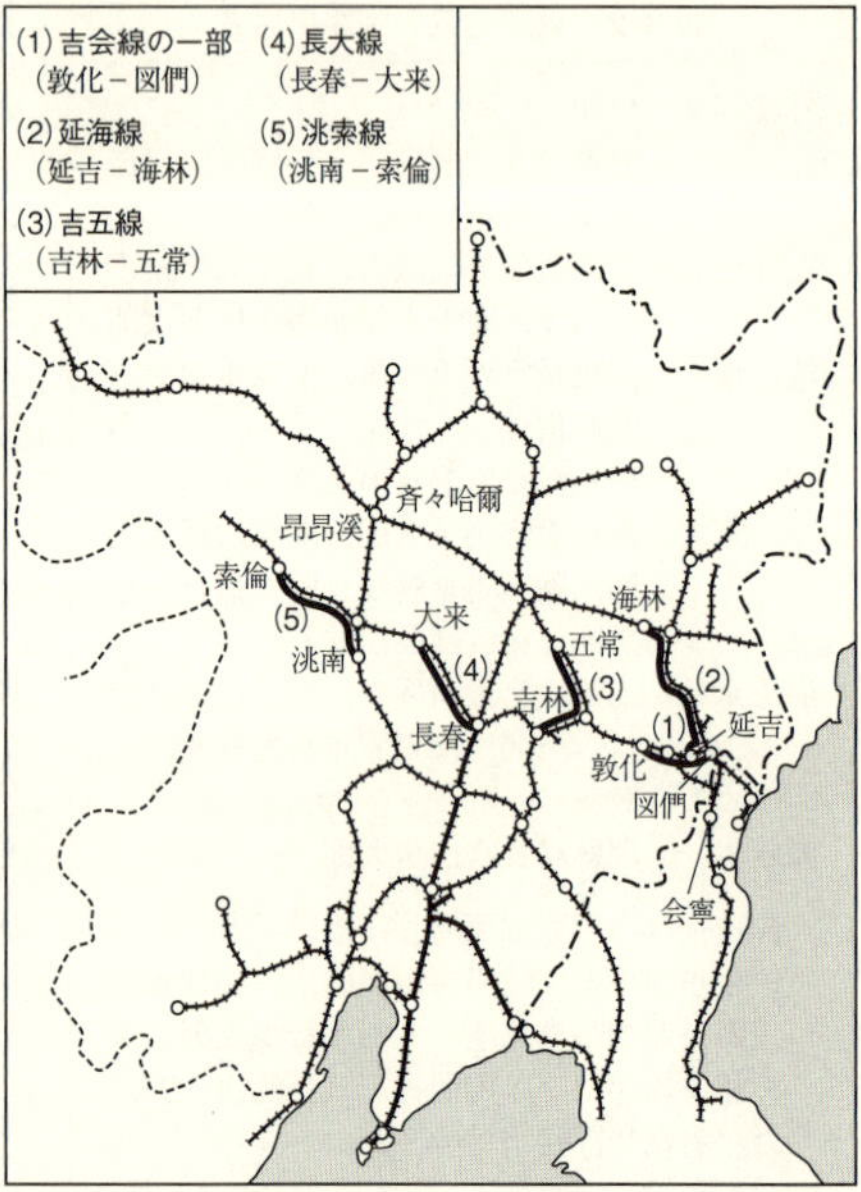

図 **3-2**　山本・張協約によって認められた五鉄道
(『山本条太郎　伝記』山本条太郎翁伝記編纂会，1942年より作成)

外務は、陸軍の希望どおりに新設すればソ連を強く刺激するといって洮索線に懸念を示した。たしかに索倫は、関東軍が対ソ戦の主戦場として想定していた地点であり、もし洮索線が敷設されれば、昂昂渓以西の中東鉄路にとっては併行線ともなる(図3－2)。優先順位のトップが吉会線で一致した後は、外務の推す昂斉線と陸軍の推す洮索線のどちらが優先されるのか注目された。

東方会議の特別委員会の決定では、敷設計画の運用には外務省があたり、鉄道敷設の実行には満鉄があたることとなっていた。しかし田中首相は、会議直後の七月二〇日、かねて信頼の厚かった山本条太郎を満鉄総裁に、松岡を副総裁に起用し、張作霖と交渉させた。交渉は進展し、一〇月一五日、山本・張間に鉄道協定が調印されたが、計画の運用にあたるはずの外務省が、不満を感じたことは容易に想像できる。田中のやり方は東方会議の決定に反していた。

田中が満鉄を通じた支援にこだわった要因としては、「保境安民の為の裁兵（軍閥の兵力削減）、財政の整理」を東三省政権にやらせる必要があり、そのために、「現実に働き得るものは満鉄である」との認識があったことがあげられる。陸軍や外務の出先機関を通じて、東三省政権の財政指導や軍隊の削減を図ることは、さすがに憚られたのであろう。

外務省も、交渉の担い手が東方会議決定と異なるという理由だけで不満を抱いていたわけではなく、山本・張協定の内容こそが問題であった。協定には陸軍の主張した洮索線は含まれていたものの、外務の主張した昂斉線は含まれていなかった。外務省の不満はつのったことだろう。事実、芳沢謙吉駐華公使は「満鉄側交渉の事態の良否はしばらく別問題とし、その方法に至りては本使において唐突意外」として、田中首相兼外相に対して率直に不快感をぶつけていた（二七年一〇月二三日付、『日外』昭和期Ⅰ、第一部、第一巻、一九七文書）。

このように、資源開発、治安維持・国防の鍵を握るはずの鉄道敷設計画は、対中国政策の実行にあたるべき人々を広く集めた東方会議での決定を無視するかたちで、田中と満鉄ラインによって無造作に進められていった。外務や陸軍など現地の諸機関は、田中への失望を深めた。

北満とソ連

田中は、張作霖政権を通じた満蒙権益擁護の立場に立っていたが、この点で田中と同様の見方をしていたのは松岡であった。松岡の考えは、満鉄を対ソ包囲線とする対ソ国防の見地からきていた(ルー『松岡洋右とその時代』)。満鉄理事時代の松岡は、二四年九月、張を相手として洮昂線建設契約を成立させた。洮南と昂昂溪を結ぶ本線は、日本の対ソ戦略上の布石となる鉄道であり、日本の北満進出を可能とする鉄道であった。満鉄のみならず陸軍もまた、対ソ国防の観点から洮昂線建設を支持した。本線は疑いなくソ連を刺激する線であったから、洮昂線建設契約調印は、張にもルビコンを渡らせることになったと松岡は認識した。それは、「第一次日露協約以来の露国の勢力範囲を衝くもの」だったからである。

事実、ソ連も動き始めていた。二四年一一月二六日、モンゴル人民共和国がソ連の強い影響下に誕生したほか、張作霖を脅かす地位にいた北方の軍閥・馮玉祥《ふうぎょくしょう》に対し、二五年春からソ連は武器供給と攻守同盟密約を申し出た。松岡の目には、そうしたソ連の一連の行為は張を脅かすものとみえた。ソ連との対決を不可避とさせる一大決定を張に強いた以上、日本側は張を見捨てることはできない、見捨てれば満蒙維持に対する日本の決意は他国から軽侮されるだろう、と松岡は考えた。松岡が幣原の内政不干渉主義を強く批判し、幣原外交と袂を分かつのは、二四年後半のことであった。

ここで、田中が張作霖を通じた満蒙支配にこだわった理由についてまとめておこう。第一次加藤高明内閣当時、政友会は憲政会、革新倶楽部とともに護憲三派内閣の与党であった。その政友会が、産業立国を唱えていた革新倶楽部と合同(二五年五月)したことで、まずは政友会の政綱に産業立国の色彩が現れ、政友会は満蒙資源開発に大きな関心を払うようになる。さらに、第二次加藤内閣が憲政会単独内閣となる(同年八月)と政友会は野党化した。不景気からの脱出を産業立国論から訴える時、条約上で認められた南満州と東部内蒙古の権益だけでなく、北満への進出が渇望されることとなる。北満に合法的に手を伸ばすには、張作霖の東北政権を通じた間接的方策しかなかった。田中外交の積極的対満政策とは、「現地政権に肩入れをした北満進出論」であったと要約できよう(酒井哲哉『大正デモクラシー体制の崩壊』)。

田中外交

田中内閣では専任外相がおかれず田中首相の兼任であった上に、外務政務次官・森恪の考え方が色濃く政策に反映されたため、田中外交の特徴を厳密に抽出するのは困難である。だが、外国使臣との会談、天皇への奏上記録などから推測することは可能である。

第一に、田中には、列国が国民政府に対して好意の供与競争を繰り広げるつもりであれば、日本も東三省政権に関してそうした競争に参加してよいはずだとの発想があった。東三省において治外法権を撤廃し、その見返りとして、南満州における商租権の実行を求めようとしていたのは、そうした例の一つであった。張作霖爆殺後、田中は葬儀への参列のため林権助《ごんすけ》特派大使を派遣するが、田中は林に対して次のように指示した。「日本としては、居住と営業を得ることが大事である。是も自発的にやらせたい。そうすれば、日本も満州に限り治外法権を撤してもよい」。田中が熱意をもって取り組んだのが商租権問題であったことは、二八年八月三〇日の昭和天皇のことばからも判明する。「首相の真意は商租権問題の解決に在り」と天皇は側近に伝えていた（牧野伸顕文書「支那問題その他秘密書類」）。

第二に、不平等条約廃止を求める中国の動きに対しては、中国に権益を有する「帝国」国家間での二国間協調で処理する発想があった。注目されるのは、二七年一〇月はじめ、英米の駐日大使と会談した際、北満州は南満州に劣らず資源が豊富なところで機会均等主義の開発が望ましいと語り、「北満州の事に付ては露西亜《ロシア》と話」をする必要があると、述べていたことである（『日外』昭和期Ⅰ、第一部、第一冊、一八〇・一八二文書）。

ソ連と協議するとの構想は、二七年一二月から翌年二月にかけての後藤新平による訪ソとなって実現した。後藤訪ソの主たる目的は、日ソ基本条約締結時に積み残されていた漁業協約改訂交渉にあったが、共産党書記長・スターリンや外務人民委員・チチェーリンなどのトップとの会談においては、中国問題が協議された。ソ連の二つの対中国方針をそれぞれ代表していた両者に、後藤は面会していた。東洋の平和のために日中ソ三国が協調すべきだが、現在の中国は政治的中心を欠いているので、当面、「露、日二国のみが相提携して時局を担当し、東洋平和の大策を樹つる上において共同の歩調を取るの必要を生ずべし」と述べたという（富田武「後藤新平訪ソと漁業協約交渉」)。日ソで中国を抑えるとの発想であった。

英仏に対しても目配りがなされていた。田中は、二八年八月三〇日、天皇に拝謁する。

> 対支問題は帝国のみが単独にて解決に努むべきものに非ず。特に関税問題に関しては他の列国(米国を除くは已むを得ず)、殊に英仏と協同して解決に努むべきものなり。

英仏とともに進むべきことを述べている。また、同一六日になされた奏上では、駐日イタリア大使からの日伊協商提議にもふれていた(図3-3)。

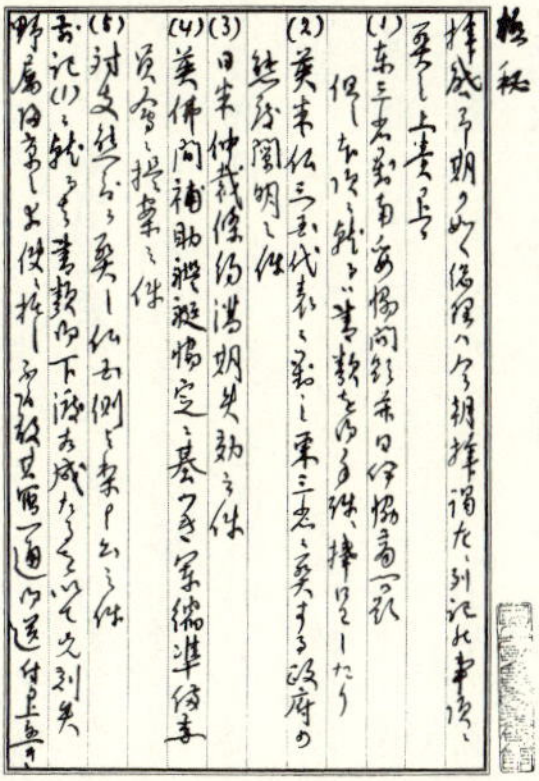

図3-3 珍田捨巳の牧野伸顕宛て書翰，1928年8月16日付(国立国会図書館憲政資料室蔵)

田中への失望

中国に対するにあたって、満蒙に権益をもつもの同士(日ソ)、中国に「帝国」として対峙するもの同士(英仏伊と日)での二国間協調を模索した田中外交も、その前途は明るいものではなかった。二七年五月の第一次山東出兵に関しては日本側に好感を抱いていた英米も、二八年四月の居留民保護を謳った第二次出兵以降の展開には警戒感を隠さなかった。済南《さいなん》事件は、五月三日、小事件を契機に国民革命軍と日本軍との間に軍事衝突が発生し、日本軍が済南城を攻撃・占領した事件であったが、中国側の外交交渉員や市民を含む多くの犠牲者を出した。同年九月、イギリスのボールドウィン内閣と外務省極東部は、対英接近を図る田中外交の意図を正しく分析しながらも、日本との提携はもはや不可能、との結論をくだした。国民政府の対日観もまた悪化した。日本への留学経験もある黄郛《こうふ》外交部長は五月二二日、自ら職を退き、後任には英米派とみられた王正廷が就く。

国内でも問題が生じた。田中内閣は、済南事件からほぼ二週間たった五月一八日、中国の南北両政府に対し、戦乱が満州に波及した場合には、治安維持のため適切な措置をとると通告した。この通告は閣議決定を経てなされたが、本決定に際して、またもや田中は、外務と陸軍の反感を買ったのである。閣議決定原案は、外務省亜細亜局と陸軍省軍務局が綿密に打ち合わせ、五月一六日に起案したものだった。原案の最重要ポイントは二点あった。第一は、「最近の機会に北方は張作霖、及び南方は蔣介石などに、外交機関を通して別案覚書を交付すること」。第二は、「張作霖に対しては、同時もしくは交付直後、最近の機会に非公式に引退を勧告するも、もし右勧告に応ぜざる場合には、さらに対策を講ずること」であった。

眼目は二つ目の張作霖引退勧告にあったが、田中はこの項目を削除した。外務も陸軍も、張の下野が望ましいと考えていたので、有田八郎亜細亜局長や白川義則陸相は田中を説得した。

しかし、田中は撤回に応じようとはしなかった。鉄道交渉や東三省政権の財政改革などを満鉄にやらせ、あくまで張を相手とする、この点についての田中の決意は固かった。田中がいる限り張を排除しえない。こうした認識は、陸軍の中に広まったであろう。

吉田茂の苛立ち

張を引退させるべきだと考えたのは陸軍だけではなかった。その一人に奉天総領事・吉田茂がいた。なぜ張はこれほど忌避されたのだろうか。東方会議後の「満蒙における懸案解決に関する件」(二七年七月二二日)をみると、外務省が、鉄道よりも「東三省の条約違反その他不法措置」解決を最優先課題としていたことに気づく。吉田は、イギリスが「一二月メモランダム」で中国側に認めたワシントン付加税に強く憤慨していた。二五年一〇月、一二カ国を集めて開催された北京関税特別会議(二六年七月無期延期となる)は、二八年七月七日、国民政府が不平等条約廃棄、新条約締結宣言をした時点で閉会となっていた。ワシントン会議で決定された中国関税条約第二条は、中国各地の地方政権の課している通行税である釐金《りきん》を廃止するため特別会議を開催し、釐金廃止が確認されて後初めて二・五%の増徴を許す、と定めていた。吉田にとってみれば、釐金の廃止もなされないままに、イギリス側の一存で中国全土での新税課税が始まったのは許しがたかったのであろう。吉田はまた、北伐軍との戦闘の軍費を補うため、張が東三省で行った紙幣乱発を批判していた。奉票と呼ばれたその紙幣が暴落すれば、日本からの綿糸布輸出が不利となるからである。

吉田の張作霖批判は辛辣であった。二七年六月一〇日、「軍閥私闘の為に東三省の治安を攪乱せしめざる我が決意」を示すため、たとえば張にとって最も重要な奉天工廠《こうしょう》を占拠するか、山海関・洮南・吉林など鉄道主要地点を日本側は占拠すべきだと具申していた。

基本的に「東三省の条約違反その他不法措置に関する件」を重視していた吉田など外務省の出先は、ワシントン体制からの逸脱を辞さない英米側の態度もあり、また北伐に対して日本軍が軍事的に干渉した結果起きた済南事件の衝撃もあり、中国側からの批判の矢面に立たされるようになっていた。吉田が、田中への意見具申の中で、張作霖以外の東三省実権者擁立を切望するようになってくるのにも、こうした背景があった。

張作霖爆殺

二八年六月三日午前一時一五分、張は関外へ退去するため北京駅を発った。国民革命軍、北京入城の五日前のことである。張の乗る列車は、四日早朝、京奉［北京‐奉天］線と満鉄線の交差する地点・皇姑屯《こうことん》で爆破され、張はその日のうちに死亡した。事件は、関東軍高級参謀・河《こう》本大作《もとだいさく》らによって準備されたものだった。河本は、二一年三月から二三年八月まで北京の公使館付武官補佐官を、その後二四年八月まで参謀本部支那課支那班長を務めた人物であった。

事件を知った蔣介石は翌五日の日記に「日本人の陰険たるやかくの如く、わが東北国防はいかにすれば強固にし得るだろうか」と記す。事件から一カ月余り前の四月二七日、参謀本部第一部長(作戦)・荒木貞夫と第二部長(情報)・松井石根《いわね》に宛て河本が出した書翰が残っている。

この手紙からは、国民革命軍による張作霖の撃破を、河本が強く望んでいたことが判明する

（三谷太一郎「一五年戦争下の日本軍隊」（上））。

奉張〔奉天派の張作霖〕の没落は東三省における新政権樹立の動機となり、ひいて満蒙問題の根本的解決を期すべき絶好の機会を与うる次第。（中略）これを要するに、南方派の北伐、挫折せざる期間に満蒙方面において内部の崩壊を企図すること極めて切要。

河本の手紙は率直だった。現在、奉天軍・吉林軍などの大部分が関内出動中で満州を留守にしており、いっぽう国民政府側の宣伝者が満州に多数潜入しているので、「彼等の名義を以て事を起さしむれば軍部が直接手を下さずとも仕事を為し得べし」と述べ、参謀本部から秘密裏に爆薬や資金の援助を引きだそうとしたものであった　ここで注意されるべきは、河本の念頭に、北伐軍と張軍との戦闘による混乱が東三省に持ち込まれることへの懸念がまったくみられないことであった。河本の頭には、張に代わる新政権樹立、すなわち清朝最後の皇帝・溥儀をかついでの復辟《ふくへき》（清朝復活）しかなかったのだろう。満州に争乱の及ぶ懸念が日本側に実のところなかった背景には、蔣介石からの日本への根回しもあったと思われる。二八年五月一八日、黄郛外交部長は、張が関外退出・下野し、奉天派が服従の意思を示した場合は、張学良らと和

を講ずる準備がある旨、日本側に伝えていた。二八年一二月二九日、張学良は東三省の易幟《えきし》(国民政府への服属表明)を発表したが、易幟後も東北政権は国民政府に対して政治的・軍事的・財政的に自立しており、国民党政権による国家統合は進展していなかった。

田中の退陣　田中は、満鉄と張作霖政権を通じた北満開発と対ソ国防を是としていたので、関東軍による張作霖爆殺を、自らの構想への公然たる反撃と考えざるをえなかった。二八年一二月二四日、田中は昭和天皇に対し、事件に日本軍人干与の疑いがあり目下調査中である、もし事実ならば、軍法会議で厳格に処分すると内奏した。しかし、田中内閣の閣僚や陸軍首脳は、厳罰方針を不可とする意見だった。

真相が明らかとなれば中国側の反発は必至であろうし、二八年二月の総選挙で政友会は衆議院における優位を保てなかった(政友会二一七議席、民政党二一六議席)。議会は内閣の責任を追及し、軍も政府に強く反発するだろう。調査にあたった白川陸相は二九年三月二七日、河本の犯行であるのは間違いないと天皇に内奏したが、五月二〇日、内閣に提出した事件調査の最終報告書においては、日本人干与の「事実」は認められないとの結論で押し通した。

陸軍の方針と閣僚の意向によって田中も妥協し、田中内閣は、事件発生時、関東軍が満鉄守備区域における警備任務を怠った責任のみを問題とし、村岡長太郎関東軍司令官を予備役編入、河本を停職処分とする行政処分で済ませた。六月二七日、田中が軍法会議によらない行政処分案を奏上すると、天皇は宮中側近とあらかじめ対応を協議した上で、奏上内容が「前とは変わって居る」として、弁明しようとする田中を「其必要なし」と遮った(『牧野伸顕日記』)。

いっぽう田中内閣の末期、二九年一月末には、国民政府と日本政府の間で、新関税条約の承認、債務償還に関税増収五〇〇万元を割り当てるなどした公文が交され、日中交渉は妥結していた。日本側が妥結に応じた背景として、各地の商工業者や国民政府(党)左派系の地方組織が積極的な役割を果たしていたボイコットの威力があった。日本品を売買する中国人には、奢侈品・雑貨七〇%、陶磁器・海産物・絹製品三〇%、綿製品五~二〇%など「救国基金」が課せられた。二八年五月から一二月の間に、対中輸出額の二割に達する額がボイコットされたという(久保亨『戦間期中国〈自立への模索〉』)。

国民政府は、二九年四月、満蒙鉄道を東北政権から中央に移管し、外資系貨物輸送に割高運賃を課す方針を打ち出した。現地政権と満鉄の交渉によって鉄道問題が解決される時代は去ったのである。田中は退陣し、東三省の現地政権を通じて北満を開発する路線はここに潰《つい》えた。北伐軍との戦闘のため奉票を乱発し日本人の商工業者に打撃を与えた張政権、南京の国民政府と競うように東三省でも二・五%付加税を徴収し始めた張政権に対する日本側の怒りには根深いものがあった。「はじめに」でも述べたように、日本側には、条約を尊重しないばかりか、ボイコットを政策遂行の手段に用いる南北中国への怒りが蓄積していった。

3　国防論の地平

石原と戦史研究

石原莞爾への評価は毀誉褒貶《きよほうへん》の幅が大きい。利害関係をもたない人間による石原評は少ないが、その少ない中から一つを紹介する。一九三八(昭和一三)年二月、関東局総長であった武部六蔵《たけべろくぞう》は、二・二六事件裁判批判をぶつ石原(当時、関東軍参謀副長)の姿を日記に書き留めた。

石原莞爾君は真崎《まさき》〔甚三郎《じんざぶろう》〕大将の無罪の判決を無茶だと批評し、又かかる判決を為す陸軍の上層部が色々訓示など出すは、紙だけ浪費だと食堂で話して居た。彼の話しはいつでも皮肉であり、真相を握り、そして朗かだ。しかし、同時に煽動的な処も多分にある。

皮肉家で明朗で煽動家で、ものごとの核心をつく話をする。そのような人物像が結ばれる。石原は、一八八九(明治二二)年、山形県に生まれた。第一次世界大戦後の二三年(一説には二二年)から二年余、ドイツ留学を命ぜられる。そこでは、ベルリン大学教授であったデルブリュックの歴史理論などを学び、ドイツの敗因を批判的に研究していた。当時のドイツでは、敵主力全部を短期決戦で包囲殲滅《せんめつ》しえなかったドイツ参謀本部の戦争指導の不徹底に敗因を求めるのが一般的だったが、かねてから殲滅戦略のドグマに批判的であったデルブリュックはそうした見方をとらず、石原にも影響を与えた。

戦争には決戦戦争と持久戦争の二つがあり、決戦戦争においては統帥の独立を第一とし殲滅戦略が採られるべきだが、持久戦争においては政戦両略の一致を第一とし消耗戦略も考慮されるべきだ、と石原は順次考えをまとめていった。大戦の本質は持久戦だったのだから、ドイツ参謀本部は、国民の動員や経済封鎖への対応も含め、政治との連携をとりつつ、政戦両略の一致を図るべきであり、敗因は殲滅作戦の不徹底にではなく、戦争の本質への無理解にこそ求められる。こう結論づけた石原にとっては、相手に消耗戦略をとられた場合にはどうするか、すなわち、経済封鎖に敗北しない態勢をいかに構築するかが課題となったはずである(ピーティ『「日米対決」と石原莞爾』)。

図 3-4　錦州に飛行機で乗り込んだ石原莞爾(中央), 1932 年 1 月(©毎日)

オレンジ・プラン　第一次世界大戦を契機とするロシアの崩壊とその後の混乱は、天与の好機と石原には思えた。極東に関心をもつ国はアメリカだけとなり、アメリカに敗北しないための持久戦略を立てればよくなる。アメリカは、二四年、かねてから作成されていたオレンジ・プランを公式の対日侵攻作戦計画とした。オレンジ・プランは、その時々において計画の細部を変えたが、日本侵攻の最終段階である第三段階の内容は常に一定していた。端的にいえば、海の兵力によって陸の兵力を撃破し、海と空からする封鎖によって、大陸に立てこもる日本を敗北させるプランであった(ミラー『オレンジ計画』)。

仮想敵国同士の作戦計画は、結局のところ呼応するものとなるのは道理だが、中国大陸に依拠して持久戦争を戦うとの石原構想は、オレンジ・プランの第三段階に対応し、日本の「帝国国防方針」(二三年二月二八日改定)の内容とも、当然のことながら合致していた。国防方針の第三項は世界の大勢についての情勢判断となっていたが、そこには、中国市場をめぐる経済問題から日米対立にいたる見通しが述べられていた。むろん仮想敵国とは、国家の戦略を遂行するに足る国防力を建設・維持・運営するために必要な計画を整備するため想定される国のことであり、すぐさまその国と戦争を始めるほどの緊張関係を前提としない。

禍機醞醸《うんじょう》の起因は主として経済問題に在り、惟《おも》うに大戦の創痍《そうい》癒ゆると共に、列強経済戦の焦点たるべきは東亜大陸なるべし。けだし東亜大陸は地域広大資源豊富にして他国の開

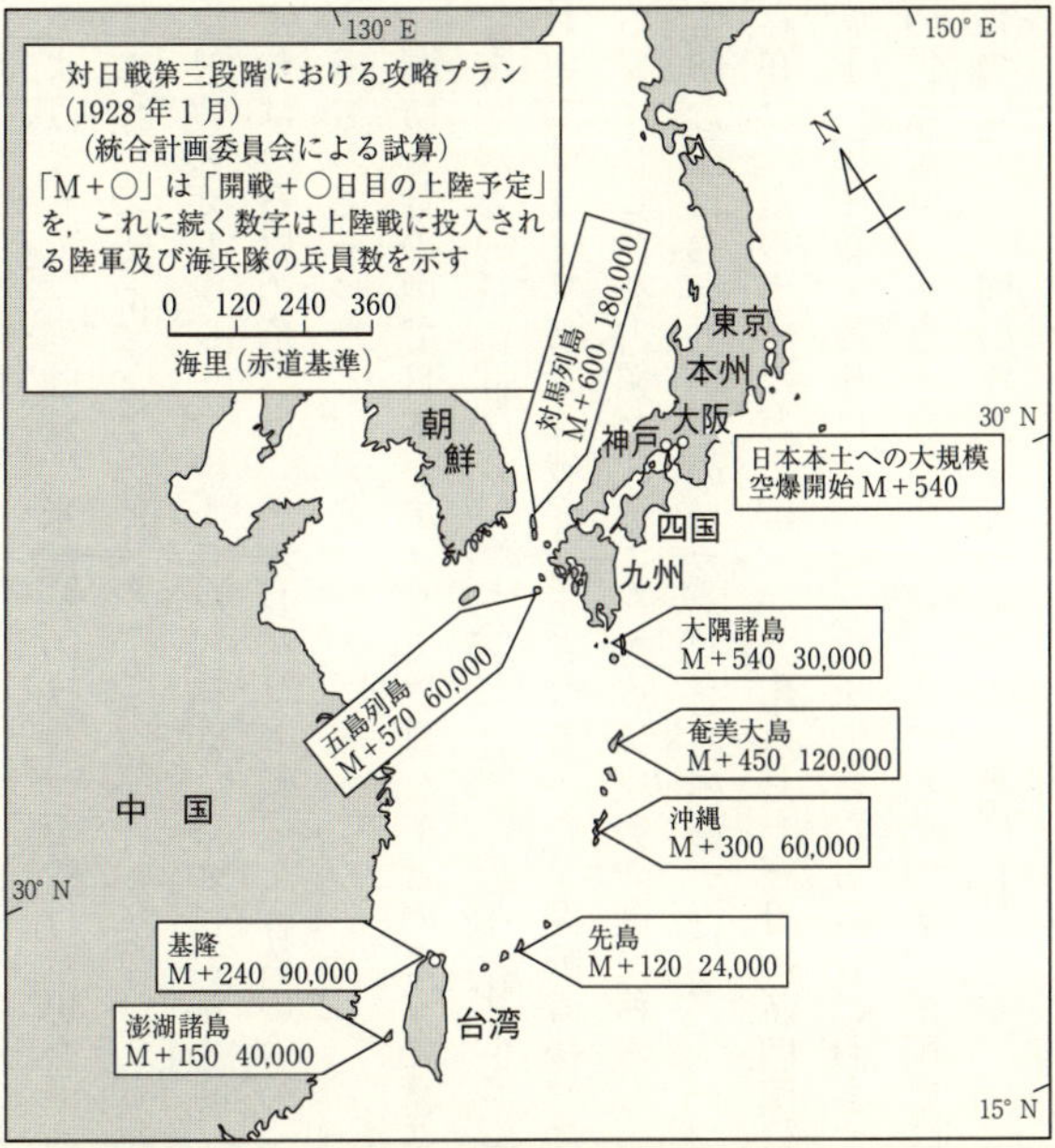

図 3-5 オレンジ・プランの第三段階(エドワード・ミラー，沢田博訳『オレンジ計画』新潮社，1994 年，161 頁より)

発に俟つべきもの多きのみならず、巨億の人口を擁する世界の一大市場なればなり。ここにおいて帝国と他国との間に利害の背馳を来し、勢いの趨《おもむ》くところ遂に干戈《かんか》相見ゆるに至るの虞《おそれ》なしとせず。しかして帝国と衝突の機会最多きを米国とす。

このように、二三年の国防方針には、アメリカの名が第一に挙げられた。石原も陸大講義録(二八年三月三一日付)において、戦争勃発の端緒を以下のように予想した。すなわち、日本が「既得権益を実行」に移し、「満蒙の保安開発を断行」しようとして「列強殊に米露英の反対」を受けた場合である。石原は、ナポレオンの対英作戦にふれ、「陸を以て海を制せん」との故事にならうべきだと述べていた。先にみたように、アメリカのオレンジ・プラン最終段階が、いわば「海を以て陸を制せん」とするものであったとすれば、石原のそれは、ナポレオンの戦史を背負いつつ、アメリカの作戦構想に呼応しようとするものであったといえる。

国防方針の中で日本がアメリカに対してどのように言及してきたか、その変遷をみておこう(表3－3参照)。国防方針のレベルでは、海軍を中心として担われる対米作戦に関し、陸軍においてはフィリピン作戦が想定されていた。開戦直後、極東におけるアメリカの戦略基地であるフィリピンを占領し、そこを拠点に攻勢防御に移るものと構想されていた。しかし、陸軍が常時念頭においていたのはフィリピン作戦ではなく、「シナ海」におけるアメリカ極東艦隊の存在だったろう。たとえば、一九年八月一三日、新四国借款団規約が協議された外交調査会の席上、田中義一陸相は「一朝兵火を開きたる場合におきては、我帝国は支那を除き、他に物資の供給を仰ぐべき所なし」と述べつつ、その際、米国艦隊の「シナ海」における制海権の問題について、一同の注意を促していた(『翠雨荘日記』)。

表 3-3 帝国国防方針(日本帝国の国防方針，国防に要する兵力，帝国軍の用兵綱領)中のアメリカへの言及の変遷

Ⅰ 1907 年 4 月 4 日の国防方針

想定敵国 第一はロシア，米・独・仏がこれに次ぐ

陸軍の正面はロシア陸軍，海軍の正面は米または独，次いでロシア

国防方針第四項 「米国は我友邦として之を保維《ほい》すべきものなりといえども，地理，経済，人種および宗教等の関係より観察すれば，他日激甚なる衝突を惹起することなきを保せず」

帝国軍の用兵綱領 「米国に対する作戦は開戦劈頭《へきとう》先ず敵の東洋における海上兵力を掃討し，以て西太平洋を制御し，かつ帝国の交通路を確保し，あわせて敵艦隊の作戦を困難ならしむ．敵本国艦隊進出せば之を我近海に邀撃《ようげき》撃滅す」

Ⅱ 1918 年 6 月 29 日改定の国防方針

想定敵国 ロシア，アメリカ，中国

改定の背景 対華二十一カ条要求に起因する中国における排日運動，アメリカの極東への関心の増大

特徴 陸軍の対米作戦計画が初めて具体化される．陸軍の作戦目的は，フィリピンのマニラとスビク湾を確保して，海軍の根拠地となすこと

Ⅲ 1923 年 2 月 28 日改定の国防方針

想定敵国 陸海軍共通のものとしてアメリカ，ロシア・中国がこれに次ぐ

改定の背景 ロシア帝国の崩壊，日英同盟廃棄，ワシントン海軍軍縮条約締結，主力艦の対米比が六割となった事態を受けて，用兵綱領を修正する必要が生じた

国防方針第三項 中国をめぐる利害対立からの日米対立を予測

(参照)黒野耐『帝国国防方針の研究』(総和社，2000 年)，小林道彦「「帝国国防方針」再考」(『史学雑誌』98 編 4 号，1989 年)，斎藤聖二「国防方針第一次改訂の背景」(『史学雑誌』95 編 6 号，1986 年)，防衛庁防衛研修所戦史室編『戦史叢書　大本営陸軍部』(1)(朝雲新聞社，1967 年)，島貫武治「国防方針，所要兵力，用兵綱領の変遷」(上)(下)(『軍事史学』8 巻 4 号，1973 年，同 9 巻 1 号，1973 年)

石原ら中堅幕僚層の考え方は、木曜会の記録からわかる。これは、鈴木貞一（参謀本部作戦課員）と深山《みやま》亀三郎（同要塞課員）が軍装備改善の研究のためにつくった研究会であった。二七年一一月から、国策や国防方針を考える際に必要となる、次の戦争に関する研究を始めたという。

中国で「自活」する道

また、二三年から二七年にかけて、陸軍士官学校一五期から一八期を中心に盟約的軍内結社・二葉会が結成されていた（筒井清忠『昭和期日本の構造』）。二葉会は一六期の永田鉄山《てつざん》、小畑《おばた》敏四《としし》郎《ろう》、岡村寧次《やすじ》らが中心となり、長州閥専横の人事の刷新、満州問題解決を図るために結成された。木曜会と二葉会の会員が重複するようになると、二九年五月、二つの会は合流し一夕《いっせき》会《かい》となった。陸士一五期から二五期の、主として陸大卒業者からなるエリートを組織した一夕会は、陸軍人事の刷新、満州問題の解決、林銑十郎《せんじゅうろう》・荒木貞夫・真崎甚三郎の三将軍を擁立し国策を推進すること、の三点を目的に掲げていた（佐々木隆「陸軍「革新派」の展開」）。

陸大教官であった石原は、木曜会第三回の会合（二八年一月一九日）で「我が国防方針」と題した報告を行う。その回の出席者としては、永田（当時、陸軍省整備局動員課長）、鈴木（参謀本部作戦課員）のほか、東条英機（陸軍省軍務局軍事課員）、根本博（陸軍省軍務局課員、支那班）、土橋勇逸《つちはしゆういち》（陸軍省軍務局軍事課員、連盟・外交関係）などが確認できる。石原の報告の要点は「日本内地よりも一厘も金を出させないという方針の下に戦争せざるべからず。対露作戦の為には数師団にて十分なり。全支那を根拠として遺憾なくこれを利用せば二十年でも三十年でも戦争を継続することを得」というものだった。

石原の発想で当時の人々を惹きつけるものがあったとすれば、それはまさにこの部分であったろう。欧州流の国家総動員型総力戦準備は、日本の場合、できもしないし、やる必要もない、ロシアは革命後の権力闘争の中にあり、いまだ弱体であり、北満から撤退しているので恐れるに足りない、との二点に石原の議論の核心があった。二八年三月の陸大講義録の結論部分でも、日本の行うべき戦争は、ナポレオンの対英戦争のごとく「戦争により戦争を養う」べきものであり、「占領地の徴税物資兵器により出征軍は自活するを要す。支那軍閥を掃討、土匪《どひ》を一掃してその治安を維持せば、我精鋭にして廉潔なる軍隊は、たちまち土民の信服を得て優に以上の目的を達するを得べし」と結ばれていた(『石原莞爾資料　戦争史論』)。

関東軍参謀として

二八年一〇月の異動で石原は、関東軍参謀(作戦主任)となる。東京における陸大講義や木曜会での「研究」を実地に移す機会がやってきたのであった。史料によれば、二九年七月、一五日間の予定でなされた北満参謀旅行の期間中、石原は関東軍幕僚と北満駐在武官に対して、満蒙領有計画の全貌を説いた(「関東軍満蒙領有計画」)。また、三〇年三月の段階で、満鉄調査課員にも「満蒙問題解決の唯一方法は満蒙を我有とするにあり」との方針を明らかにした。その際、国民に、以下の点をわからせる必要があると説明している。満蒙の真価、満蒙の占領は我が正義なること、対米持久戦の恐るべからざること、の二つである(「講話要領」)。石原を明朗な煽動家と評した、内務官僚・武部のことばが思い出される。

石原には、北伐の成功による、南北統一への切迫感や、中国側からなされるはずの武力的抵抗あるいはナショナリズムの昂揚などへの危惧はなかったようにみえる。あくまで彼の念頭には、日本に圧力を加えうるものとして「蘇〔ソ連〕の陸上兵力と米の海上兵力」だけが想定されていた(「日本皇国の東亜連盟　国防の担任」)。中国の軍事力については、二九年七月四日、北満参謀旅行二日目の講演中、戦争の本質が消耗(持久)戦争となる要因の一つとして「軍隊の価値低きこと」に言及した際、「支那の現状」を挙げた時くらいであった(「戦争史大観」)。意味するところは、通常、戦争の目的は敵野戦軍主力の撃滅に置かれるが、その国の政治文化において軍隊の地位が低い場合、あるいは戦闘における敗北がその国にとって著しい苦痛と感じられない場合、敵の軍事力を殲滅しても、戦争は終わらないことになる、との内容であろう。よって、石原の構想の中に、中国が念頭に置かれていないかのように見えるのは、必ずしも、その兵力を軽視していたからではなく、中国から満蒙を奪取する戦争をすれば、それは消耗戦争となるに相違ないと判断されていたからだろう。そのような戦争観なしに、日本の軍隊が中国で「自活」すべきだなどという主張は成立しえないと思われる。中国は前提なのだった。

ソ連とアメリカ

ソ連の陸軍力とアメリカの海軍力、この二つを牽制する方策が考えられた。まず、ソ連の陸上兵力をどう牽制するか。二八年、二九年のソ連の極東軍備は、いまだ増強されていなかった。日露戦争でロシアが大軍を戦場で給養しえたのは、南満州の沃野を戦場としていたからだと石原は考えた。よって、日ソ間の自然の国防的境界として、興安嶺と黒龍江の線まで、すなわち北満州の北限まで日ソの対峙線を上げておけば、ソ連は給養に苦しむことになるはずだった(「満蒙と日本の国防」)。

それでは、先に「陸を以て海を制せん」とのことばで象徴的に述べられたアメリカに対する具体的な戦略は、いかなるものであったのか。北満参謀旅行の三日目の二九年七月五日、石原は移動のための列車の車中で「国運回転の根本策たる満蒙問題解決案」(以下、「満蒙問題解決案」と略称)を参謀たちに語った。石原がアメリカを論ずる際の特徴は、武力戦の可能性としてではなく、「対支外交即ち対米外交なり」との一節からも予想されるように、まずは外交方策、アメリカからの経済封鎖を受けないようにする方策として自覚されていた点にあった。対米外交は、あくまで慎重になされるべきだとする。

経済封鎖を生きるには

さらに、「満蒙問題解決案」の中では、「東亜が封鎖せらるるものとして、その経済状態」の調査と準備が必要と述べていた。満蒙と華北に資源を依拠する日本が、経済封鎖される場合を想定して、経済計画の立案がなされるべきだというのであった。満鉄調査課員に対し、三〇年三月の時点で、謀略の生起を予告するような講演をあえて行った意図も、満鉄調査課の協力が不可欠であったからであろう。

封鎖を生き延びるための調査活動は、満州事変が起こされた後、実際にスタートしていた。石原、片倉衷《ただし》(関東軍参謀)、宮崎正義(満鉄調査課員)、松木侠《たもつ》(元調査課法政係主任、当時関東軍参謀部法律顧問)らは、三二年一月二六日、満鉄内に経済調査会を組織した。経済調査会は、関東軍統治部(三二年二月から特務部と改称)と密接な連絡を保ちながら満州国の経済開発計画の立案にあたってゆく。

三二年二月八日に開催された経済調査会の席上、十河信二《そごうしんじ》委員長は、「所謂《いわゆる》調査を行わんとするものに非ずして、直ちに実行し得る経済計画を立案することを以て任務とす」と説明している。続いて立った宮崎は、計画立案の根本方針を、満蒙との関係における日本国民経済政策の確立と、日本国防経済の自給自足政策の確立に置くと述べている。

このように、石原という存在が当時の社会に有していた意義は、世界恐慌時にあって、軍事費を必要としない戦争がありうるのだと断言し、持久戦争は怖くはないのだと国民を説得する、その煽動性にあったといえるだろう。「日本内地よりも一厘も金を出させない」で戦争ができると煽動された時、国防費負担の軽減からくる経済効果ゆえに軍縮に賛成してきたような人々は、ごっそり石原にもっていかれてしまったのではなかったか。

第4章　国際連盟脱退まで

五・一五事件直後の首相官邸日本間玄関での
現場検証，1932 年 5 月(©毎日)

1　直接交渉か連盟提訴か

一九三一（昭和六）年九月一八日午後一〇時二〇分、関東軍は柳条湖の満鉄線を爆破した上で北大営と奉天城を攻撃し、一日で南満州の要衝である瀋陽・営口《えいこう》・長春な

一九日

ど一八都市を占領した。この時、中国、日本、ソ連は、いかなる対応をとったのだろうか。

事変翌日、張学良は顧維鈞《こいきん》を呼びよせた。顧は一九年のパリ講和会議における中国全権団の一人であり、北京政府時代を代表する練達の外交官である。顧は、①国民政府に連絡をとり、国際連盟に本件を提訴するよう依頼すること、②関東軍司令官（本庄繁）と早急に会談することの二点を提言した。張はただちに①を実行したが②は採らなかった。顧はこの後、事変に対処するために国民政府内に設置された特種外交委員会のメンバーとなってゆく。

顧自身は連盟に幻想を抱いてはいなかった。連盟はおそらく有効な措置をとれないだろう。①と共に②を提言したのはそうした理由からであった。しかし連盟は国際世論を喚起し、日本に対して間接的な圧力を加えられる、こう顧は考えた。九月二三日、張は東北辺防軍司令長官公署と遼寧省政府を錦州に移転させ、同二六日、麾下の東北軍に対し「今回無抵抗主義をとったのは事変を国際公判に委ねるため」だと説明した。事変勃発前の八月一六日、蔣介石は張学

良に宛て、日本軍が今後どのように挑発しようとも、我が方は抵抗せず、努めて衝突を避けるべきだと諭すところがあった。無抵抗主義、連盟提訴の方針はこうして選択されていった（兪辛焞『満洲事変期の中日外交史研究』）。

事件の報は、九月一九日、南京に達する。蒋介石は急遽、南昌から南京に戻った。二一日、国民政府は、戴季陶《たいきとう》を委員長、宋子文《そうしぶん》を副委員長、顧を秘書長とする特種外交委員会を設置し、連盟並びに不戦条約調印諸国へ通告を行った。中国側は「公理に訴える」方針をとったが、これは蒋のかねてからの外交戦略であるとともに、民意の支持を確保し、反政府派に攻撃の口実を与えない利点があった。国民政府が東三省政権に対して行使できる権力は、極言すれば外交権だけだともいえ、連盟提訴はその意味でも中央政府が採用すべき合理的な選択であったといえる。

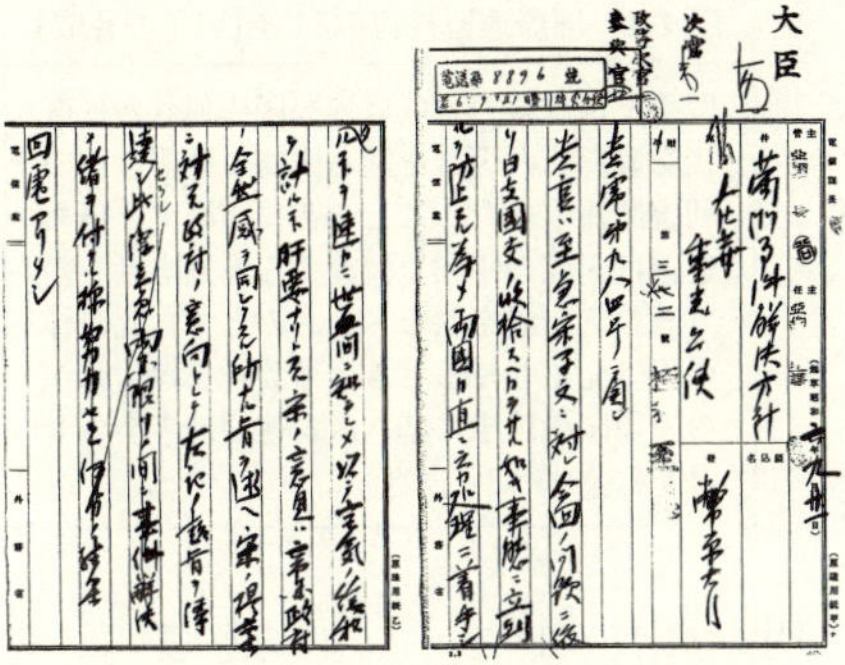

図 4-1　幣原外相から重光葵に宛てた電報文，1931 年 9 月 21 日付（アジア歴史資料センター蔵）

直接交渉論

蒋の帰還前の九月一九日午前、行政院副院長・宋子文と駐華公使・重光葵《しげみつまもる》と

表 4-1　国際連盟規約第 11 条【戦争の脅威】

戦争又は戦争の脅威は連盟国の何れかに直接影響あると否とを問わず総て連盟全体の利害関係事項たることを茲《ここ》に声明す，仍《すなわ》ち連盟は国際の平和を擁護する為適当且《かつ》有効と認むる措置を執るべきものとす，此の種の事変発生したるときは事務総長は何れかの連盟国の請求に基き直に連盟理事会の会議を招集すべし(後略).

の間で、日中直接交渉方針が合意されていたことは注目される。重光は幣原外相に許可を仰ぎ、それに同意する幣原の訓令は二一日午後一一時八分に発せられていた(図4－1)。だが二二日午後、重光から日本に届けられた電報は、中国側の前言撤回を伝えるものであった。

　この一件は小さなエピソードにみえるが、日本側の初発の対応を考える時、実は重要な意味をもっていた。九月一九日から二二日午前において、幣原外相の胸中に、日中直接交渉の選択肢が存在したことは、若槻礼次郎内閣が出先や参謀本部を抑止しながらも、出兵費用については不用意な閣議決定を行った理由をよく説明するからである。

　大勢は決した。王正廷外交部長(一一月二八日から正式に外交部長)、施《し》肇基《ちょうき》国際連盟代表(駐英公使)も直接交渉に反対だった。二一日、施公使は、連盟事務総長・ドラモントに対して「国際連盟規約第十一条により、事務総長は即時理事会を開いて速《すみやか》に明確且つ有効な方法を講ずる」よう要求した(表4－1)。連盟理事会は、英仏独伊日五カ国の常任理事国と、九カ国からなる非常任理事国の代表、全体で一四名から組織されていた(この時は中国、スペイン、グアテマラ、アイルランド、ノルウェー、パナマ、ペルー、ポーランド、ユーゴスラヴィア）。

再度の直接交渉論

連盟理事会は九月三〇日、満鉄附属地への日本軍撤退を勧告する決議をまずは採択し、二週間休会した。一〇月九日、幣原は日中直接交渉によって大綱協定を成立させた後に、関東軍を元々いた駐屯地に撤兵させる旨を閣議決定し、一二日、谷正之《たにまさゆき》外務省亜細亜局長から蒋作賓《しょうさくひん》駐日公使に伝えさせた。それに対して中国側は、特種外交委員会において幣原提案拒否を決定する。連盟が日本軍の撤退に失敗した場合はアメリカに依頼し、九カ国条約に基づいて日本に対する経済制裁を提議する方向をとることとした。

図 **4-2**　リットン（右）と顧維鈞（左），1932 年 4 月（©毎日）

特種外交委員会には、ある意味、幣原外交への楽観があったように思われる。委員会は、幣原のほか、西園寺公望や牧野伸顕などの宮中グループ、海軍の条約派、金融資本家、華中・華南、欧米と取引のある貿易業者など、日本国内の穏健派・和平派の存在を重視した。事実、一〇月二一日の委員会では、東京においては軍部とそれに反対する勢力の対立が激化し、南次郎陸相以外はすべて和平派であるとの蒋駐日公使の報告が読み上げられていたのである。中国側が強く出れば、日本の穏健派の意見が政策に反映されるようになるはずだ、との読みであった。

　この委員会で、張学良を代表するかたちで委員会に出席していた顧維鈞だけが、幣原提案に応ずるべきだと主張していたのは注目される。九月三〇日付の連盟理事会決議を日本に遵守させるのは不可能だろう、理事会は決議を当該国に強制する権限を持たない、よって、連盟の監督と協力の下で、日中間で直接交渉を行うのがベストだと顧は主張した。顧の判断は、幣原外交の特質を考える時、的確なものであった。しかし会議の大勢とはならなかった。

幣原外交の特質

　幣原は、満州問題を当事国同士の直接交渉で解決しようとしていた。幣原がヴェルサイユ＝ワシントン体制や国際協調の忠実な信奉者であったのは間違いない。しかし同時に幣原には、満州問題などの懸案は当事国同士で解決するしかなく、国際問題として処理すべきではないとの判断があった。こうした幣原の立場は、二九年の中ソ紛争一件への対応からも明らかである。

　この点、多くの日本の知識人もまた、満州問題を日中二国間の国際法上の問題、とりわけ国際法を守らない中国の問題であって、他国が介入すべき国際問題ではないと考えていたことに注意したい。知識人の見方が幣原と同じだといっているわけではない。国際法上の解釈の差をつめてゆけば、日中間の黒白が決せられるはずだというのが知識人の見方であったとすれば、幣原は国際法上では黒白が決せられないからこそ二国間での実利の取引が必要だと認識していた。国際問題ではなく、二国間での解決指向という点でだけ一致していた（藤岡健太郎「満洲問題の「発見」と日本の知識人」）。

　このようにみてくると、満州事変勃発直後には、幣原と顧維鈞の直接交渉路線、張学良と蔣介石の連盟提訴路線、この二つの路線のあったことが知られる。武力が発動された後での日中直接交渉は、結局のところ中国側をいっそう圧迫するものとなったはずだとの批判もありえようが、交渉の当事者が幣原と顧であった可能性を考えれば、この選択肢が実現しなかったことは惜しまれる。事実、中国側は三三年後半、連盟提訴路線をとったことを自ら批判的に総括することになる。

英米も

　イギリス外務省文書の示すところによれば、イギリス外務省極東部もまた、「中国は満州における日本の権益について日本の奴らと交渉しなければならない。さもないとどのような結果になろうと、それに責任を負わなければならない」と考えていた。サイモン外相は一一月二四日の閣議で閣僚を説得した際、次のようなメモを残している。

　政策——対日融和。

　中国に対して——他人だけを相手にするな、自分の本分をつくせ。一六条（経済制裁の条項）に乗り換えるな。

日本に対して――われわれは制裁は望まない。

国際連盟に加わっていなかったアメリカもまた実のところ連盟理事会の干与に慎重であった。国務省極東部長のホーンベックは、理事会が一〇月二四日に、関東軍の撤兵を一一月一六日までと期限を付したことに対して、問題だと考えていた。撤兵要求に応じなかった日本側の判断に対して、ホーンベックは「正しい」とコメントしていた。日本側は一五年の「南満州及び東部内蒙古に関する条約」上の権利に基づいて「干渉」したのであり、「他国の介入はきわめて慎重を要する問題」であると考えていた(ソーン『満州事変とは何だったのか』上)。このようにみてくれば、二国間協議でいくとの幣原の選択、幣原提案に応ずるべきだとの顧の主張は、当時の国際環境から考えて、共に妥当なものであったとみなせる。

不拡大と経費支弁

第二次若槻内閣は、一九日の閣議で不拡大を決定し、内閣の方針は金谷《かなや》範三《はんぞう》参謀総長と南陸相からの停止訓令となって関東軍と朝鮮軍に達した。二〇日、二一日と、連日、閣議が開かれたが、朝鮮軍の一旅団を満州に出動させる必要があるとの南陸相の説明は閣僚たちに支持されなかった。このような状況において、林銑十郎朝鮮軍司令官は、二一日、新義州《シンウィジュ》に留め置かれた旅団を、独断で満州へ派遣する命令を発し、関東軍もまた満鉄沿線から離れた吉林への派兵を独断で決し、中央への通報を故意に遅延させた。

二一日午後五時、金谷参謀総長は、朝鮮軍司令官の独断専行により混成旅団が越境した事実を奏上する。その時点では、いまだ関東軍への増援について閣議決定されていなかったことから、総長は自己の責任で増援の裁可を帷幄上奏《いあくじょうそう》（統帥事項について、統帥機関の長などが、大元帥たる天皇に直接上奏すること）で仰ぐ決心をしていた。これを、奈良武次《たけじ》侍従武官長と鈴木貫太郎侍従長が止めた。いわく、「聖上は首相の承認なく允許《いんきょ》〔許可〕せらるることなかるべきを以て此の如き無法の挙を避け」るべきである、と。閣議決定のない増派要求は、たとえ、総長の帷幄上奏によっても、天皇は承認しないはずだとして取り次ぎを拒絶したのである。ここで閣議が、増派要求を拒絶し続ければ、総長と陸相は進退を問われることとなったはずであった。

しかし、二二日開催された閣議において、若槻内閣は両義的な決定を下した。関東軍への朝鮮軍増派は依然として認めないが、結局、兵は出てしまったのだから、政府として経費は支弁するというものだった。経費支弁を比較的安易に決定してしまった若槻と幣原の脳裏に、宋子文の意向を伝える重光電があったと考えるのは自然なことのように思える。

他力本願

増兵は賛成しないが経費は支弁するとの若槻内閣の決定は、内閣の多難な将来を暗示するものであった。九月二一日、イギリスが金本位制を離脱したとのニュースは、金本位維持にかける井上準之助蔵相を窮地に立たせた。また、一〇月一七日に未然に発覚した、橋本欣五《きんご》郎《ろう》による軍部内閣樹立のクーデター計画（一〇月事件）もまた、内閣のとりうる選択肢を狭めた。このような状況下に若槻は、元老の西園寺や牧野などの宮中グループ、重臣を集めた会議を開き、連盟理事会からの関東軍撤兵要求を乗り切ろうとした。

しかしそれは、西園寺と牧野の間に生じた、①重臣会議開催に関する可否（西園寺は反対、牧野は賛成）、②満州事変の拡大を阻止するための挙国一致内閣を是とするか、憲政常道を維持するための政友会単独内閣を是とするかなどをめぐる意見の相違（西園寺は政友会単独内閣、牧野は挙国一致内閣支持）などから奏功しなかった（坂野潤治『近代日本の外交と政治』）。内大臣秘書官長・木戸幸一の若槻への視線にも冷たいものがあった。木戸は日記に若槻を「他力本願なるは面白からず」（九月一九日付）と評し、閣僚の結束不足を憂慮していた。

重光と佐藤

九月三〇日の連盟理事会の撤兵要請を受けて内閣は、まず日中直接交渉によって大綱協定を決定し、その後、関東軍を撤退させるとの方針をとった（一〇月九日）。連盟の介入を極力排除しようとする幣原外相の主張によるものだったが、この時期、駐華公使であり、三三年から三六年にかけて外務次官を務めた重光の影響もみのがせない。一〇月六日の時点で重光は「列国会議開催の空気を排し第三者をして容喙《ようかい》（介入）の余地なからしむることに努むるを要すべし」と述べていた。重光は、汪の広州国民政府と蒋の南京国民政府の分裂を重くみた。中国側が分裂しているならば、日本が強硬に一貫した姿勢で通すのは意味があり、第三者の容喙を排する方が有利であると重光は考えていたのである。
まったく異なる対応を具申する外交官もいた。連盟で奮闘していたベルギー大使・佐藤尚武である。まさに重光と同じ一〇月六日の意見具申では、アメリカをオブザーバーで参加させようとする連盟理事会の方針に反対した幣原の硬直した姿勢を批判した。「全然連盟を介入せしめずとする従来の御方針を継続せらるるにおいては、日本は欧州問題に付ては連盟の擁護者たるも、自己に直接関係ある問題に対しては連盟の排斥者たるべく、右は決して世界の輿論を我に有利ならしむる所以にあらず」(『日外』満州事変、第一巻、第三冊、三四五頁)。

関東軍と陸軍中央

南陸相率いる陸軍中央は、南満州を領域とする新政権樹立の線での事態収拾を図ろうとした。関東軍参謀部の片倉衷が作成した史料によれば、九月二九日の時点で、南から関東軍司令官・本庄繁に宛てた私信には「政権運動に軍の干与するは、陸軍を自滅に導く」との深刻な一節があった(「満洲事変機密政略日誌　其一」)。しかし、第3章の第3節でみたように、ソ連が万全ではない時期に、北満まで国防線を上げておくことを最大のメリットとみていた石原らが、陸軍中央の新政権樹立論に納得するはずがなかった。一〇月二日の時点で石原は「満蒙問題解決案」を策定し、関東軍参謀の会議では「満蒙を独立国とし、之を我保護の下に置」く方針が決定された。石原は「北満に駐兵を認めざれば何等の価値なし」とも述べていた。独立国の範囲が北満を含めた東北四省であることは否定されようもなかった。

表 4-2　極秘委員会メンバー

建川美次	参謀本部	第二部長
山脇正隆	同	前編制課長
渡　久雄	同	欧米課長
重藤千秋	同	支那課長
永田鉄山	陸軍省	軍事課長
岡村寧次	同	補任課長
東条英機	参謀本部	編制課長
今村　均	同	作戦課長

一〇月二四日の連盟理事会では、日本軍撤兵期限を一一月一六日までとした決議案が提出され、日本の反対で不成立となる（理事会決議は全会一致が必要）。このような状況に接した関東軍は、一一月七日、「軍の干与」を云々しえないような「民族自決」論による、東北四省を領域とする独立国家化を選びとってゆく（「満蒙自由国設立案大綱」）。関東軍参謀部法律顧問・松木俠《たもつ》（前満鉄調査課員）が起草した大綱は、極めて率直に日本の意図を述べている。「独立政権と条約を締結し得ざる以上、之を意の儘に動かすことは絶対に不可能なり」。独立政権で駄目な理由は、条約が締結できないからなのであった。となれば、関東軍の軍事的な戦略は、中東鉄路の北まで口実を設けて進出すること、錦州に東北軍の根拠地を移した張学良軍が満州に帰還しないよう爆撃を加えること、この二点に絞られてくるはずである。

正常な認識をもっていた人間には、南陸相が述べたように、陸軍は自滅の道をたどっていたように見えたろう。吉野作造は「悪逆旧軍憲（張学良政権のこと）を斥け新楽土の建設を望む／関東軍司令官の声明」との新聞の見出しに接し、日記に「之では日本の軍人はまるで義和団だ」と嘆じた（三一年一〇月五日）。

南は、幣原外交と親和的であった宇垣系といわれた陸軍主流派に属する軍人であったが、この力ある陸相をもってしても、省部中枢に勤務する中堅エリート将校層、いわゆる中堅幕僚層を抑えることはできなかった。そのことは、三一年六月、南陸相が極秘に組織した満蒙問題解決のための委員会のメンバーの顔ぶれからも明らかであった(表4－2参照)。本委員会は六月中に、軍事行動の行使を含む「満蒙問題解決方策大綱」を決定するが、日本の将来を左右する決定が省部の課長級将校によってなされるようになっていたこと自体、注目される。陸軍上層部と中堅層の力関係は事変前から変容しはじめていた(吉田裕「満州事変下における軍部」)。

生命線と生活苦

二〇年の新四国借款団交渉の際、日本側が満蒙権益に関する列挙的除外を英米列国に求めた際の説明は「我が国防並びに国民的生存」上の必要、というものであった(第2章)。この時点での国民的生存ということばは、満蒙を除外するための修辞にほかならなかった。しかし、二九年一〇月二四日、ニューヨークの株式市場の大暴落に端を発する世界恐慌が日本に波及すると、現実が修辞に迫ってきた。三一年七月二一日、政友会本部でなされた松岡洋右(当時は衆議院議員)の講演は、生存の危機と生活苦を国民の実感として結びつけた点で特筆すべきものとなった(『政友』三七三号)。

松岡はいう。今日の外交は「国際的事務」の処理に堕しているが、本来あるべき外交は「国民の生活即ち経済問題を基調とし、我国民の生きんとする所以の大方針を立て、之を遂行する」ことにある、と。国民は外交が「直ちに自分達の生活問題に重大緊密なる交渉を有するもの」であると知るべきだとして、次のように煽動した。「現に北洋漁業で我国が退却し、又不安に陥った場合、漁網を梳《す》く地方では忽《たちまち》にして注文が減ったではないか。(中略) 米国で生糸の値段が下り、又日本生糸の需要が減ずれば、忽ち悲惨な状態を我が農村と生糸界に起して来たではないか」。

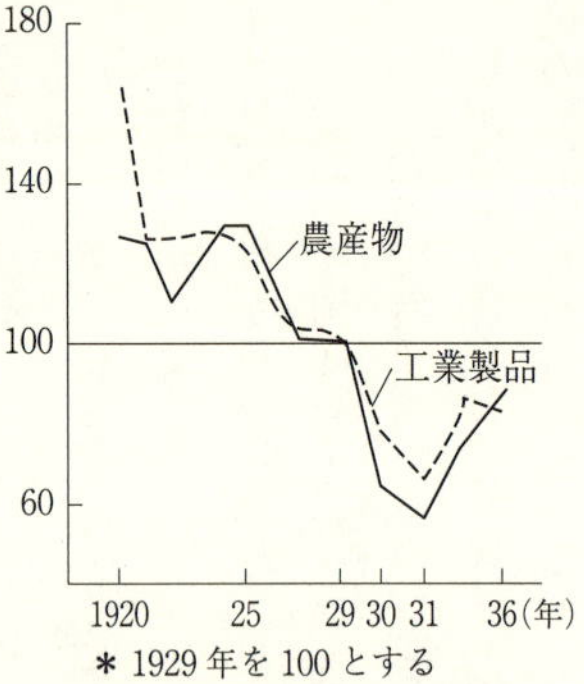

図 4-3　農産物価格の下落(中村隆英『昭和経済史』岩波現代文庫, 2007 年, 53 頁より)

農林省の農家経済調査によれば、年平均の農家所得は、二九年には一三二六円あったものが、三一年には六五〇円と半分以下になっていた。この年、労働組合組織率(七・九%)と同盟罷業件数(八六四件)は戦前の最高を記録した。それまでは、輸出業者や紡績業関係者を除き、満蒙問題に関心をもつ国民は稀であった。目の前の生活苦が、満蒙は生命線との主張に説得力を与えていったといえるだろう(図4-3参照)。

満州事変の最初の死者は農村出身の兵士であった。満州に駐箚していた第二師団(仙台)は、多くは宮城・福島・新潟の農民兵士からなっていた。藤井忠俊によれば、最初の戦闘での死者は、仙台歩兵第四連隊の兵士で二九名いた。憲兵隊の調査は、その二九名中一二名を「貧者」

と分類していた。職業の内訳は、農業一六名、無職三名、労働者二名、商業、漁業、教育、石工、大工、八百屋、桶屋、履物屋各一名などとなる。兵役は義務であったが、中等学校以上の在学生徒には徴集猶予があったこともあり、貧困層からの徴集率、召集率が高い結果となっていた(藤井忠俊『国防婦人会』)。

三一年一二月には一二〇万を超える寄付金が陸軍に寄せられたが、連盟での論戦が沈静化した三二年一月には寄付金の額は半減した。国民の戦争熱は一気に燃え上がったものの、一気に沈静化した(図4-4)。

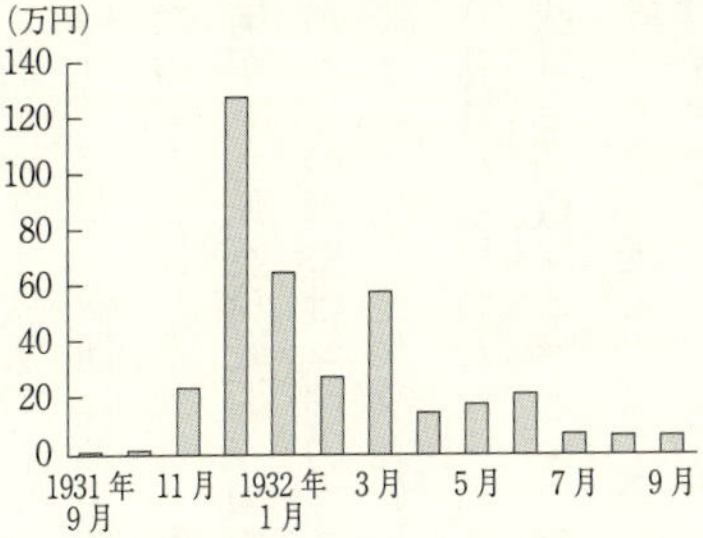

図4-4 寄付金月別推移(吉田裕「満州事変下における軍部」51頁より作成)

新聞と無産党の沈黙

三三年に亡くなる吉野作造にとって、満州事変による社会の変貌は予想以上に大きなものだった。吉野にとっては満州事変が「日清戦争や日露戦争などとは全然その性質を異にする」とみえたので、「国論の一致を説く俗論」には同調すべきではないと考えていた。この事変に大義はないとみられるのに、「大新聞の論壇」や「無産党側の言論行動」には、「国民の良心を代弁する」自由かつ遠慮のない批判がいっこうにみられない。それはなぜなのか。

満州が領土接壌の特殊地域であることは、国防的意義からは国際社会も認めていると吉野はいう。だが「満洲は経済的に観て日本の為の特殊地域である」からといって軍事行動を起こしたのであれば、それは「帝国主義的進出」といわざるをえない。土地も狭く資源に恵まれない国が「土地及び資源の国際的均分」を主張するのは理屈として正しい。しかし、土地や資源の過不足の調整は「強力なる国際組織の統制」によってなされるべきだ。「渇しても盗泉の水は飲むな」と子どもの頃から教えられてきた吉野にとって、新聞と無産党の沈黙は最も遺憾であり意外だと思われた(「民族と階級と戦争」『中央公論』三二年一月号)。石堂青年が聴いた「満蒙の沃野を頂戴する」という軍部のフレーズと、「盗泉の水は飲むな」という吉野のフレーズは鮮やかな対照をなしている。

吉野が嘆くような新聞の変化は、満州事変や対連盟外交の速報が求められるなか、東京や大阪の大新聞と通信社の勢力が地方を席巻し始めたことと無縁ではなかった。明治の民党の伝統以来、地域では、大きく分けて政友系と民政系とに新聞紙が二分され、中央の大新聞の地方版を圧倒していた。戦争ともなれば、速報力と写真報道が新聞の大きな武器となってゆく。多数の飛行機と写真電送機を有する『大阪朝日』と『大阪毎日』の大阪系二紙が、地元紙に本来あった多様性を蚕食していった。たとえば、名古屋では、二七年の時点では民政系の『名古屋新聞』(約九万部)と政友系の『新愛知』(約一七万部)が競っていたが、満州事変後は大阪系二紙の勢力が大きくなった（季武嘉也「一ブロック紙の昭和戦前史」）。

無産政党も苦しい事情を抱えていた。実のところ、無産政党にとって反戦運動と兵士の待遇改善運動は不可分のものとして進められてきたものであった。二五年に結成された農民労働党は「徴兵より起る家族の経済的窮乏に対する国家保障」を政策として掲げており、農民労働党分裂後も、右派の社会民衆党、中間派の日本労農党、左派の労働農民党、すべてが一様に兵士の待遇問題を掲げていた。

三二年一月の選挙スローガンにおいて、全国労農大衆党は「服務兵士家族の国家保障」を掲げた。二月から三月に発生した玉川電車争議は、会社が出征労働者三名を解雇したことに端を発したものだった。三一年に制定された入営者職業保障法は、退営後の復職を定めたものであったので、会社による解雇それ自体は法律違反ではなかったが、陸軍省は争議に対して「法律の条文をたてとして応召者を遇し労資の協調和解を破るが如きは、吾人の甚だ遺憾とするところ」との声明を発し、争議は企業側が解雇を取り消し、日給支払いを認めて妥結した。同党は、陸軍の介入を評価し、応召小作農の耕作地をめぐる地主との争議においても陸軍の介入を期待するようになった（山本和重「無産運動における出征労働者家族生活保障問題」）。

「服務兵士家族の国家保障」を選挙のスローガンとして掲げた全国労農大衆党は、「帝国主義戦争反対」もスローガンに掲げ、候補者を都市部に集中させ、一三名を立候補させた。しかし当選したのは、杉山元治《もとじ》郎《ろう》と「帝国主義戦争反対」との党方針に同調しないで選挙戦を戦った松谷与二郎の二名だけであった。同党の委員長であった麻生久《あそうひさし》は「一般社会の戦時的気運」を感じ、敗北感を味わった。その上で麻生もまた軍部を「此勢力は資本家的色彩を濃厚に帯びているとの事であるけれ共、それが、単なる常識的反資本家感情に過ぎないのであるか、科学的に反資本主義の思想の上に立っているのかは明かでない」（「日本はどうなる」『経済往来』三三年四月号）としながらも、世界恐慌下での軍部の政治進出によって、現時代が明治維新直前に比すべき時代となったとの認識をもつようになっていた（山室建徳「社会大衆党小論」）。

犬養の外交

内相の安達謙蔵《けんぞう》は、政友会と民政党の連携によって「政党の信用を維持しつつ、対外的国難を打開する」ための政民連携を模索していた（坂野潤治『近代日本の外交と政治』）。安達は緊縮財政を否定する政友会と連携するため、井上財政の転換を図った。ここで、早晩、日本は金本位を離脱し金輸出を停止させると予想した内外銀行筋や商社によるドル買い・円売りが始まった。井上はあくまで金本位制を維持するため、横浜正金銀行にドル買いに売り応じさせるいっぽう、日本銀行の公定歩合を引き上げ、金融を逼迫させることでドル買い筋の資金を絶とうとした（中村隆英『昭和史Ⅰ』）。売られた円は当時の価値で七億円を超えたという。これは、ドルを買う銀行筋とそれを阻止する井上の闘いであったから、井上も途中で引き返せなかった。日銀の金準備高は半減し、金利引上げは不景気をより深刻化させた。井上は、三二年二月九日、農村青年・小沼正《おぬましょう》によって射殺される(血盟団事件)。

安達の説得は成功せず、若槻内閣は三一年一二月一一日、総辞職する。一三日、犬養毅政友会内閣が誕生した。外相に連盟の日本側代表であった芳沢謙吉を予定し(当初、犬養の兼任)、蔵相に高橋是清、内閣書記官長に森恪が就任した。犬養内閣は、金輸出再禁止・金兌換禁止・管理通貨制を断行した。犬養自身は、宇垣系といわれた南の留任か阿部信行を陸相に考えていた。しかし、内閣の支持基盤である政友会主流派(鈴木喜三郎)や森内閣書記官長は、荒木貞夫を選び、陸軍三長官会議もまた荒木を推していた。宇垣系で関東軍の北満進出をよく抑止した金谷参謀総長は、閑院宮載仁《ことひと》親王に代えられた。

犬養は、辛亥革命以前からの中国との人脈の広さを駆使した直接交渉に期待をかけていた。三二年二月一五日、陸軍の元老格であった上原勇作に宛てた犬養の書翰は次のようなものであった。「現在の趨勢を以て独立国家の形成に進めば必ず九国条約の正面衝突を喚起すべく、故に形式は政権の分立たるに止め、事実の上で我目的を達したく専ら苦心」「南北諸派の要人に旧交ありて普通役人の交渉よりも都合よき関係」もあると。犬養は、南陸相時代の陸軍中央が抱いていた路線、独立政権論での妥結を考えていた(『犬養木堂伝　中』)。

犬養の交渉はかなり進展していた模様であり、三一年一二月三一日、天皇に拝謁した際、中国には治外法権を認める腹で交渉していること、翌年一月四日、牧野内大臣に対しては、孫科《そんか》政権から全権委員を任命して交渉開始を諮りたいとの打診があった事実を伝えている。中国側においても、犬養の使者との協議を進めていた。三一年一二月一五日、広東派の胡漢民《こかんみん》などが蔣介石の独裁を批判し、これに上海の汪兆銘も合流したため、蔣が国民政府主席と行政院長を辞した結果、孫科政権が誕生した。広東派は広州国民政府を解散し南京に合流した。広東派を勢力基盤とする新政権にとって、対日直接交渉は蔣との違いをみせる良い機会であった。

中国側の交渉案は、満州事変の責任を張学良に帰した上で、特別東北政務委員会を作って張を排除するとともに、両国の平等な経済提携を実現するとの骨子であったが、注目すべきは、東北全域において日本側に雑居の自由、商租権を認めていた点にある。日本側の治外法権撤廃と中国側の商租権承認が呼応している。孫科政権にとっても、関東軍によって張が排除されたことは、国民党が初めて実質的に東北と華北に経済的進出を果たす機会を得たことを意味した（黄自進「蔣介石と満州事変」）。しかし、書記官長の森は「フロックコートを着て馬賊に対するような、国際正義外交を日本が一方的にやってみたところで何の効果もない」と放言するような人物であり、それは関東軍の方針と一致するものであった。三二年一月、日本による錦州攻撃が開始され、日中協議は挫折する。

三二年二月二〇日に行われた第一八回総選挙は、政友会の未曾有の大勝に終わった。解散前、政友会は一七一議席、民政党は二四六議席を有していたが、政友会は三〇一議席を獲得した

(民政党は一四六議席)。この時、政友会が正面から訴えたのが外交問題でなかったことに注意したい。選挙スローガンは、景気が好きか不景気が好きか、働きたいか失業したいか、生活の安定を望むか不安定を望むか、産業の振興か産業の破滅か、減税をとるか増税をとるか、自主的外交か屈従外交か、というものであり、満蒙問題は最後に置かれた。これが犬養の選挙であった。

対する森のレコード演説。「我が犬養内閣は躊躇なく軍を進めて、錦州を攻略し、対満政策の癌たる張学良の軍を関内に撤退せしめました。その結果、満洲問題は初めて解決の曙光を見るに至ったのであります。国際関係の神経過敏なる今日、外交を度外視する産業政策、経済政策、将又《はたまた》外交を眼中に置かざる教育政策、社会政策は一切無意義であります」。犬養の選挙方針に公然と反旗を翻すものとも解釈できた。

三二年三月一日、満州国は建国宣言を発した。関東軍は、リットン調査委員会の満州到着を二月下旬ないし三月上旬とみて、その前に新国家を樹立しておこうとした。三月九日、溥儀を執政として満州国は発足する。しかし内閣は、満州国の国際公法上の承認を行わないと決した。

ソ連

満州事変が勃発した時、ソ連外務人民委員部は、ソ連の官憲に対し、満州で中国側と接触する場合は厳正中立を守るよう命じた。三一年一二月二一日、外務人民委員・リトヴィノフは、外相就任のため連盟から帰国途上の芳沢に向かい、不可侵条約締結を提案した。ソ連は、関東軍が中東鉄路で中ソ国境付近まで軍隊を輸送することを許可し、馬占山《ばせんざん》軍追撃のためチチハルにおける関東軍の中東鉄路横断を許可するなど、前例のない譲歩を日本側に行っていた（スラヴィンスキー『中国革命とソ連』）。

あらゆる兆候はソ連の準備不足を告げていた。極東からの危機が、コルホーズ農業の危機と工業化始動の困難な時期に発生したため、ソ連には時間が必要だったのである。事実、三二年から三三年にかけてのソ連が混乱の極みにあったことは近年の史料公開で明らかとなっている。コルホーズ農民には数百万の大量の餓死者が出て、国内旅券制もしかれるという非常事態にあった（下斗米伸夫「スターリン体制とソ連の対日政策」）。

ソ連は三二年三月、満州国の任命による中東鉄路督弁と理事を承認し、鉄路関係の部署に満州国旗を用いることも許可した。スターリンが国民政府を罵倒したことばは次のようなものだった。「南京政府からの不可侵協定に関する提案はまったくのペテンだ。およそ南京政府というのは例外なくちっぽけなペテン師の寄せ集めである」（モロトフ宛て、三二年六月一九日付書翰）。ソ連は国内危機への対応、極東からもたらされた対外危機に対する急速な軍事化を必要としており、完全に内向きの態度に終始した。変化が現れるのは三四年になってからのことである。

2　ジュネーブで

前節では、事変勃発後の、日本の直接交渉路線と中国の連盟提訴路線とのせめぎあいをみてきた。準備不足のソ連は日本との妥協を選んだ。本節では、連盟の対応を中心にみてゆこう。

九月三〇日決議まで

三一年九月二二日、満州問題が連盟理事会の議題としてとりあげられた時、英仏独などの常任理事国はそれぞれの問題を抱えていた。イギリスは失業人口の多さに苦しんでいた。三〇年末に二五〇〇万人であったものが、三一年半ばには二七〇〇万人に達し、それは三三年まで増加する。フランスの主たる関心は、ヴェルサイユ体制による諸制限撤廃を要求するドイツへの懸念と軍縮問題に向けられていた。ドイツはといえば、三一年春から夏にかけて財政危機に陥り、八月、フーバー・モラトリアム(第一次世界大戦におけるドイツの賠償と債務を三二年一二月まで支払い猶予とする)のための国際専門家会議が開かれていた。会議においては、ドイツの財政状況の今後をめぐる暗い予想から、英仏間にパリ講和会議の対独賠償問題の不愉快な対立の記憶が蘇り、英仏とアメリカとの間には、かつての同盟国の戦債を割り引こうとしないアメリカの態度をめぐって深い対立感情が芽生え始めていた。

連盟理事会への日本側陣容は、芳沢駐仏大使、佐藤駐ベルギー大使のほか、連盟事務次長の杉村陽太郎であった。イギリスは理事会において、アメリカも干与させてはどうかと提案する。それでは、アメリカはただちに連盟に干与してきたのであろうか。スティムソン国務長官は、三〇年のロンドン軍縮会議で見た、全権としての若槻の冷静な対応ぶりや、駐米大使時代以来の幣原の手腕に信頼を置いていた(九月二三日のスティムソン日記 *The Far Eastern Crisis*)。

私にとって大事なことは、日本人に我々が注視していることを知らせ、そうすることによって、正しい側に立つ幣原の努力に力を貸し、国家主義的な煽動者の手にのらないようにすることである。

よって、九月二四日、日本代表が、満州において領土的野心を有しないとの日本の政府声明を朗読し、連盟ではなく日中直接交渉に委ねられたいと主張すると、スティムソンは日中両国に対して「両国の紛争を友好的手段によって調節することを害するような行動をさしひかえることを両国政府に希望」するとの同文通牒を送り、若槻内閣支持の姿勢を示した。幣原の方針に邪魔をしない、とのスタンスをこの時期のアメリカはとっており、それは、一一月末まで続く。イギリス代表のセシルもまた、「日本軍の撤退が開始された以上、もはや連盟理事会の任務は終わった。今後は当事国間で問題の解決をはかるべきである」といって、議論を閉じた。九月三〇日、連盟理事会は、日本軍の速やかな満鉄附属地内への撤兵を勧告する決議を採択して、次回の理事会を一〇月一四日と決めて閉会した。

その際、中国代表は、日本軍の撤退と原状回復を確実にするための中立委員を満州に派遣してほしいと発言したが日本の反対で採用されなかった。委員派遣に反対させたのは幣原であった。調査委員派遣を拒む幣原の態度をアメリカは支持する。スティムソンは連盟事務総長・ドラモントに対し、調査委員会派遣のような刺激的行為は避けるべきであると伝え、「日本人のように、特に神経質で愛国的な国民の場合に、外国からの干渉に応じておこる対外硬〔排外〕運動は非常に危険である」と日記に記していた。

この間、一〇月八日、関東軍が錦州を無警告爆撃すると、スティムソンはやや硬化し、アメリカ代表を理事会にオブザーバー出席させること、連盟とともにアメリカも制裁に加わるべきことを閣議で主張するが、フーバー大統領は経済制裁を行いたくないイギリスの方針を知った上で、スティムソンを抑えた。

調査委員派遣まで

一〇月二四日、理事会は、一一月一六日までに日本軍を原駐留地に撤退させる決議を提出したが、日本の反対で葬りさられた。なおも、二国間交渉を求める若槻内閣は、一〇月二六日、第二次声明を発し「日中平常関係確立の基礎的大綱」の五項目を提示した。①相互的侵略政策及び行動の否認、②中国領土保全の尊重、③相互に通商の自由を妨害し及び国際的憎悪の念を煽動する組織的運動の徹底的取締り、④満州各地における日本人の一切の平和的業務に対する有効なる保護、⑤満州における日本の条約上の権益の尊重。

この案をみた北京大学教授・胡適《こてき》(蔣や汪からの信頼が篤かった中国第一の知識人)は宋子文に書翰を送り、本案での交渉開始を進言する。顧維鈞も、一〇月二八日「中日双方の面目を損なわず、且つ中国に利する道を探し、両国の行き詰まりを打開すべし」と蔣介石に再び具申した。しかし国民政府首脳はこの意見を容れず、あくまで連盟での解決を求めた。

その後、満州の独立国家化を決意した関東軍中堅幕僚が、「新国家」に参加すべき政客たちの躊躇を除くため、北は北満、南は錦州まで軍事的に制圧する作戦を実行しようと図った。若槻内閣は抑止に努力するが成功せず、三一年一一月二一日、日本側はこれまで反対してきた現地調査委員会派遣を受け入れざるをえなくなった。これを受け、一二月一〇日の理事会は、調査委員会派遣を決定する(小林啓治『国際秩序の形成と近代日本』)。

上海事変　関東軍は三一年一二月二八日、錦州への進撃を開始し、三二年一月三日、無血入城した。すでに三一年一一月、奉天・吉林・チチハル、東三省の省政府所在地がすべて陥落していたため、東北軍の軍事的拠点は錦州だけとなっていた。国民政府は錦州防衛の重要性を理解していたが、三一年一二月一五日の蔣の下野により有効な対応をとれなかった。

錦州陥落に最も早く反応したのは、アメリカであった。一月七日、後にスティムソン・ドクトリンの名で有名になる対日通牒は、「アメリカは、ワシントン九カ国条約を侵害し、不戦条約に違反したすべての行為・協定を承認しない」と宣言した。だがアメリカの後に続くと思われていたイギリスはスティムソンの期待を裏切り、日本に対し、アメリカと同様の通牒を発するつもりはないと述べた。ドイツもイギリスと同様の態度をとった。

対日交渉に失敗した行政院長の孫科は退陣し、三二年一月二八日、国民党中央政治会議は、汪兆銘を行政院長に、蔣介石を軍事委員会委員長に選出した。汪が政治外交を、蔣が軍事を管掌する体制が現れた(蔣の行政院長復職は三五年一二月一日)。できたばかりの蔣・汪政権の直面したのが、同日、上海で勃発した、日本海軍陸戦隊と第一九路軍の衝突事件(第一次上海事変)であった。満州事変を契機に上海では日貨排斥運動が再び激化していた。居留民の生存を脅かすほどの排日示威運動がなされたのは確かであったが、上海の居留民人口の五五%を占める中小商工業者層の反中国熱もかなり強かったといえる。居留民の行動は、当時の上海総領事の村井倉松が『上海事変誌』の中で「当時我国の信用を堕したことは一通りではない」と書く類の強硬なものであった(髙綱博文「上海事変と日本人居留民」)。

上海においては、日本人経済界の各分野の代表(上海日本商工会議所、在華紡績同業会、上海工業同志会、三井物産、三菱商事など)に、外務(日本総領事館)と軍(陸海軍駐在武官)の代表を加え、二八年六月の時点ですでに、「金曜会」が結成されていた。まさに上海事変の起きた三二年一月二八日を発行日とする『金曜会パンフレット』七八号は、自衛権の発動が満蒙問題のみの解決に終わってはならず、上海における排日運動の根絶にまで行かなければならない、と強く訴えるものであった。「国民党の信奉する対外指導原理はただ「革命外交による打倒帝国主義」あるのみである。(中略)支那自身の自覚的覚醒と転身とを期待し得ざる以上、唯一最高の方策は一切を破壊したのちに立直しあるのみ」(村井幸恵「上海事変と日本人商工業者」)。

事変は、日本の軍事干渉を熱望する居留民の排外熱と、それに呼応しようとした海軍の勇み足から生まれたともいえる。当時、陸軍砲兵監であった畑俊六《はたしゅんろく》は、海軍次官・左近司《さこんじ》政三が一月二六日に語った内容を、次のように日記に書き留めている(二月三日付)。「陸軍は満洲にて大に働きあれば、今度は南にて海軍の番なりと、大に恃《たの》む処あることを述べ、無理に仕かけ、陸戦隊は往日の陸戦隊にあらず、二千人、野砲、装甲自動車あり、大丈夫なりと述べたる」。

第一九路軍は、広州国民政府系すなわち広東派が有していた唯一の直系部隊であったので、孫科政権時代、広東派の求めによって南京と上海に駐屯していた経緯があった。蔣・汪政権にとっては統制しにくい部隊であった。それでも蔣は第一九路軍への統制を開始し、日本租界に隣接した防衛任務を麾下の憲兵第六団に代え、自らの直轄精鋭部隊である第五軍のうち第八七師、八八師を極秘に上海に派遣し、第一九路軍の名前のままで用いた。

三二年一月二八日現在の彼我の兵力は、日本側は海軍特別陸戦隊の固有兵力と佐世保・呉両鎮守府からの増派兵力を合わせて計一八三三名であり、中国側は抗日意識の強い第一九路軍三万三五〇〇名であった。日本の劣勢であり、中国軍を租界の境界二〇キロの外に後退させるとの作戦目標を達成できたのは、陸軍の二個師団が新たに増派された三月一日であった。日本側が相手にしていたのは、実のところ蔣介石の中央直轄軍であったのだから、激戦となったのは当然であろう。死傷者は中国側が一万四三二六名、日本側が三〇九一名と記録されている（臼井勝美『満州事変』）。

上海事変の勃発をうけて中国は、連盟に対して、満州事変を含め日中紛争全体を、規約第一一条ではなく、改めて規約第一〇条（領土保全と政治的独立）、第一五条（連盟理事会の紛争審査）で提訴し直した。第一五条での提訴の場合、理事会の過半数の表決により、勧告を載せた報告書を作成することができ（第四項）、紛争当事国の一方の要求があれば連盟総会の場に持ち込むことができるようになる（第九項）。全会一致を原則とする理事会における手続きとは根本的に異なるプログラムが、この時点でスタートしたのは、日本にとっての不幸であった（表4－3）。

英仏の利権が集中する国際都市・上海での戦闘に対する連盟の対応は実に迅速であった。二月一九日の理事会では、規約第一五条第九項の規定により、三月三日、連盟の臨時総会を開催

表 4-3　国際連盟規約第 15 条【連盟理事会の紛争審査】

第 15 条第 1 項	連盟国間に国交断絶に至るの虞《おそれ》ある紛争発生し，第 13 条に依る仲裁裁判又は司法的解決に付せざる時は，連盟国は当該事件を連盟理事会に付託すべきことを約す(後略).
同 条第 3 項	連盟理事会は紛争の解決に力《つと》むべく，其の努力効を奏したる時は其の適当と認むる所に依り，当該紛争に関する事実及び説明並びに其の解決条件を記載せる調書を公表すべし.
同 条第 4 項	紛争解決に至らざる時は，連盟理事会は全会一致又は過半数の表決に基き，当該分紛争の事実を述べ公正且《かつ》適当と認むる勧告を載せたる報告書を作成し之を公表すべし.
同 条第 9 項	連盟理事会は本条に依る一切の場合において，紛争を連盟総会に移すことを得．紛争当事国一方の請求ありたるときは亦之を連盟総会に移すべし．但し右請求は紛争を連盟理事会に付託したる後 14 日以内に之を為すことを要す.

することとなった。臨時総会が開かれるのは、二六年、ドイツの連盟加入の審査以来七年ぶりであった。代表を送った国の数五一カ国。

まさに総会の開かれようとしていた三月三日、日中両国は停戦する。三月一一日、総会において、一九人委員会(表4―4)の設置が決定される。総会議長、紛争当事国を除く一二名の理事国代表、秘密投票によって選挙された六名の委員、合わせて一九名からなる委員会を設置し、①上海事変についての停戦を確定する、②三一年九月三〇日、一二月一〇日の理事会において採択された決議の実行を注視する、③総会に対する陳述書の提出、の三点についての任務を負った。

記憶に留めるべきは、上海事変勃発前の一二月一〇日に派遣が決定されたリットン調査委員会についても、その報告書の実行については、一九人委員会と総会があたることになった点である。上海事変が満州事変とリンクした意味はまことに大きいといわねばならない。上海事変は、現地において英米仏伊代表の斡旋によって、三二年五月五日、停戦協定が成立して沈静化する。日本軍が撤退するのは、七月一七日であった。

調査委員会の陣容

調査委員会、俗にリットン調査団のメンバーは、英米仏独伊の五カ国から選定されていた。調査団が六カ月の調査期間の後に理事会に提出すべき報告書は、最終的に、総会と一九人委員会の手に委ねられることとなった。第一五条による提訴の場合、第一六条の制裁も視野に入ってくることが日本側には悩ましかった(表4－5)。

メンバーの経歴は以下のとおり。イギリスのリットン伯爵は、父がかつてのインド総督であり、自らもベンガル州の知事を務めた、委員長にふさわしい人物といえた。アメリカのマッコイ少将は、アメリカのキューバ占領統治にかかわり、二八年のニカラグア動乱、ボリビア・パラグアイ間の紛争解決委員会議長を務めた。フランスのクローデル中将は、支那駐屯軍参謀長、仏領インドシ

表4-4 19人委員会メンバー

イギリス，フランス，イタリア，ドイツ，ベルギー，スペイン，パナマ，アイルランド，グァテマラ，ノルウェー，ポーランド，ペルー，ユーゴスラヴィア，スイス，チェコスロヴァキア，コロンビア，ポルトガル，ハンガリー，スウェーデン

表 4-5　国際連盟規約第 16 条【制裁】

第 16 条第 1 項　第 12 条，第 13 条又は第 15 条に依る約束を無視して戦争に訴えたる連盟国は当然他の総ての連盟国に対し戦争行為を為したるものと看做す，他の総ての連盟国は之に対し直に一切の通商上又は金融上の関係を断絶し自国民と違約国国民との一切の交通を禁止し，且連盟国たると否とを問わず，他の総ての国の国民と違約国国民との間の一切の金融上通商上又は個人的交通を防《ぼう》遏《あつ》すべきことを約す．
同条第 4 項　連盟の約束に違反したる連盟国に付ては連盟理事会に代表せらるる他の一切の連盟代表者の連盟理事会における一致の表決を以て連盟より之を除名する旨を声明することを得．

ナ軍司令官などを歴任した人物で、当時、フランス植民地防衛委員会主席。ドイツのシュネー博士は、ドイツ領東部アフリカ総督を務めた人物で植民政策家。イタリアのアルドロバンディ伯爵は駐独大使の経験もある老練な外交官。アルドロバンディを除けば、植民地の軍事・行政経験のある者か国際紛争の専門家が選ばれていたといえる（臼井勝美『満洲国と国際連盟』）。

このほか、参与委員として、日本側からトルコ大使の吉田伊三郎、中国側から前外交部長の顧維鈞が加わった。専門家グループには、クラーク大学教授で国務省の極東問題顧問であったブレイクスリー教授のほか、三一年秋、日本の満州権益に関する三部作『満洲における日本の特殊地位』『関東州租借地の国際法上の地位』『南満洲鉄道附属地における日本の管轄権』を上梓した、ニューヨーク世界時事問題研究所のヤング博士が参加し、報告書と付属書の執筆にかかわった。

リットンに与えたイギリス外務省の方針は、まさにイギリス一流の現実主義的態度をよく現すものだった。外務次官補・ウェズリイは、二月六日の覚書で、問題を法律的な見地で解決するのではなく、現実を尊重しなければ永続的な解決にならないと述べていた。国民政府の実質的支配が及ばなかった満州で、日本のような活動的な国の経済的発展を妨害するのが正しいのか疑問である旨のことばも記されていた。

マッコイに与えたアメリカ国務省の指示は、予想されるような法律主義的なものではなかったが、リットン報告書の結論部分に最も影響を及ぼす項目が含まれていた。それは、①満州の行政を再建するため日中直接交渉に導く、②日中両国の権益を規定する包括的な新条約交渉を日中に斡旋する、③外国人幹部によって訓練・監督された警察機構、外国人顧問が満州の歳入を監督できるような財政機構などの構築が望ましい、などの三点であった。

一行は、三二年二月二九日に横浜に到着した。旅程は表4-6のとおり。英仏文を

報告書の内容

正文とし、英文版で一四八頁、日本語で一八万字ある報告書は長文である。理事会への報告書提出は一〇月一日。二日にはジュネーブ、北平、東京で全文が公表された。リットン自身、一九日に開催された英国外交問題調査会で、やや皮肉をこめて「私が友人と話をしますと、たいていの者は「自分は未だあなたの報告書を読んでいない。しかし、それについて書かれた記事はたくさん読んだ」と申します」と述べている。

内容を外務省訳で見ておこう。構成は、第一章「支那における近時の発展の概要」、第二章

「満洲」、第三章「支那国及び日本国間の満洲に関する諸問題」、第四章「一九三一年九月一八日及び其の後満洲において発生せる事件の叙述」、第五章「上海」、第六章「「満洲国」」、第七章「日本の経済的利益及び支那の「ボイコット」」、第八章「満洲における経済的利益」、第九章「解決の原則及び条件」、第一〇章「考察及び理事会への提言」の一〇章からなる。

表 4-6　リットン調査委員会の旅程

2月29日	横浜着東京へ
3月11日	神戸発
3月14日	上海着
3月26日～4月1日	南京
4月 4日～5日	漢口
4月 7日～9日	浦口から北平へ(1928年国民政府は北京を北平と改称)
4月 9日～19日	北平
4月20日	秦皇島から大連へ
4月21日～5月2日	瀋陽(奉天)
5月 2日	瀋陽から長春(新京)へ
5月 9日	長春からハルピンへ
5月27日	瀋陽から大連へ
6月 5日	錦州から北平へ
6月28日	北平から東京へ
7月16日	東京出発
7月20日～9月4日	北平

リットンは先の講演で、委員会が判断や意見を表明した部分は三カ所だと謎をかけている。それはどの部分なのか。第四章に委員会としての最初の判断が書かれている。「同夜における叙上日本軍の軍事行動は、合法なる自衛の措置と認むることを得ず」。第二の判断は第六章の部分にみられる。「此の所謂国家は、住民の独立に対する自然の要求から生まれたもの、即ち純粋なる民族自決の例にならない」という部分である。第三は、第七章と第八章にある。「支那としては、此の地域における日本の経済上の利益を満足せしむること、又日本としては、右地域の住民の変改すべからざる支那的特性を容認することが共に必要なり」の部分であった。

その上で報告書は第九章において、解決に向けて遵守すべき原理について述べていた。それはまず紛争の複雑さを「本紛争は一国が国際連盟規約の提供する調停の機会を予め利用し尽すことなくして他の一国に宣戦する事件に非ず。又一国の国境が隣接国の軍隊に依り侵略せられたるが如き簡単なる事件にも非ず」と位置づける。張学良政権や満州国は共に存置を許されないとして、一般的解決原則として以下の一〇点を掲げていた。①日中双方の利益との両立、②ソ連の利益に対する考慮、③現存の多辺的条約との合致、④満州における日本の利益の承認、⑤日中間における新条約関係の設定、⑥将来における紛争の解決に対する有効な措置、⑦満州の自治、⑧内部的秩序及び外部的侵略に対する安全保障、⑨日中間における経済的接近の促進、⑩中国の改造に関する国際協力。

第一〇章においては、原則を実行に移す方式についての意見が述べられていた。理事会が中国と日本を招請し、東三省についての行政組織を考えるための諮問委員会を組織する。この諮問委員会は、両国政府と、両国がそれぞれ選抜した現地側の代表から組織される。諮問委員会を開く前に考慮すべき点として、①中国の領土的行政的保全、満州に対する広範な自治の付与、②内部的秩序を維持するための「特別憲兵隊」、③満州における政治的推移に参加したすべての人の大赦、が挙げられている。報告書は一見したところ机上の空論にも見えるが、少なくとも国民政府がのめる限度の妥協案を打診した上での解決策ではあった。リットンらは、六月一八日、張学良の飛行機で北平にやってきた行政院長・汪兆銘と財政部長・宋子文と会談している。リットンは満州を非武装化し、そこに広範な行政権をもたされた自治政府を樹立する案を中国側に打診したのに対して、汪はリットン提案に賛成していた（NHK取材班編『満州事変　世界の孤児へ』）。

反響　リットンは調査の過程で家族宛てに多くの手紙を書いた。老練な外交官であり、パリ講和会議の折、山東問題をめぐる日本と中米の対立を妥協点に導いた元外相・バルフォアは、リットンの姉を妻としていた。リットンは姉宛ての手紙の形式をとりながら、その手紙がイギリス政府、アメリカ政府に伝えられることを期待して、満州国の内実を赤裸々に書いた。「日本は軍事力で満州を制圧できたかもしれませんが、市場を支配することはできません。日本は中国の混乱状態に不満を訴えていますが、その大部分は日本自身がつくったものです。（中略）満州国というのは明らかに欺瞞でした」（五月二三日付、前掲『満州事変　世界の孤児へ』所収）。

リットン自身の同情は紛れもなく中国にあったが、報告書がそのトーンで貫かれていたわけではない。報告書を読んだイギリス外務省極東部顧問のプラットは、報告書の最重要点を「一国の国境が隣接国の軍隊に依り侵略せられたるが如き簡単なる事件にも非ず」との第九章の一節に置き、日本のやり方を弁護することは困難だとしても「その奥にある内容を見れば、正義の秤は日本側に傾いている」とし、制裁や日本の追放などは問題外だとみていた。
アメリカ代表のマッコイは、三二年八月の時点で、日本側は報告書の調子に満足するだろうと述べていた（駐華アメリカ大使からスティムソン国務長官宛て報告）。マッコイとしては、日本側の貿易業者や居留民を悩ませた排日ボイコットを解決するための方策が日本を満足させると判断したのだろう。事実、専門家メンバーの一人は、西園寺の秘書・原田熊雄に対して次のように語っている（『西園寺公と政局』第二巻、三二年九月三〇日付）。

要するに、日本のすべての権益を充分に認め、殊に二十一箇条を認めさせる、ただ日本が支那の宗主権を認めなかったこと、即ち満洲国の独立を承認したことは甚だ遺憾であるというようなことが書いてあって、内容は全体的には日本に対して非常に好意的である。

たしかに、報告書は第一章で「日本は本章において記述せられたる無法律状態に依り他の何れの国よりも一層多く苦しみたり」と書き、第二章で「満洲の重要物資の管理権を取得することに依り当局〔張学良政権〕は外国の豆類買入業者、就中《なかんずく》日本人に対し高価買入を余儀なからしめ、以て其の収入を増大せんと欲した」と書いて張の悪政を認め、第七章では、ボイコットが合法的なラインで行われているとの中国側参与員の主張もあるが「本委員会の有する証拠はこれを支持しない」と明解に書いていた。

さらに、第九章と第一〇章に示された解決の原則のうち、①日本人に十分な割合を配慮した外国人顧問の配置、②日中鉄道の合弁、③対日ボイコットの永久停止、④日本人居住権・商租権の全満州への拡張、などは、日本側に有利だった。先に、警察や財政機構についての国際管理案がアメリカ国務省のマッコイへの指示に含まれていたとしたが、国際管理にあたっては、日本側の権益を事実上温存するための配慮がなされていたのは確かであった。

リットン報告書を受理するための理事会が三二年一一月二一日開かれ、日本全権・松岡洋右と中国全権・顧維鈞の演説がなされ、報告書は日中の意見書と共に、一一月二八日の理事会において、総会へと移されることとなった。連盟特別総会は一二月六日からジュネーブで始まる。日本側の首席全権は松岡、中国側は顔恵慶《がんけいけい》であった。一九人委員会の任務は、規約第一五条第三項の和協手続き、同第四項の勧告手続きに関して、総会の下で作業を行うこととされた。

吉野作造はその日記に「噂されたより以上に日本に不利なので新聞の論調も険悪である。併《しか》し公平に観てあれ以上日本の肩を持っては偏執の譏《そしり》を免れないだろう。欧洲的正義の常識としては殆んど間然する所なしとして可」と、報告書への評価を記した(三二年一〇月三日)。

特殊権益論への最終判断

イギリス外務省のプラットが注目した第九章の一節は、日本の行動を規約第一〇条違反だとする中国の主張を斥けるために置かれたものといえた。報告書のどこにも、日本の行動を連盟規約、不戦条約、九カ国条約違反だとした部分はなかった。だが、三一年九月一八日の行動を自衛権発動とし、満州国独立を民族自決により説明した日本側の主張は斥けられた。

関東軍の謀略だと知らされていなかった国民は、自衛権と民族自決が認められなかったことに憤慨したであろう。だが事変の当事者である関東軍や為政者にとって、自衛権と民族自決による説明は、アメリカの干渉を招かないための方便であるとの自覚が当初からあった。日本側当事者にとって、より衝撃的であったのは、第三章「支那国及び日本国間の満洲に関する諸問題」中に叙述された、日本の満蒙特殊権益に対する評価にあったのではないだろうか。

そこには、次のような記述があった。いわく、日本政府は日露戦争以降、常に英米仏露から、満州における日本の「特殊地位」「特殊勢力及び利益」または「卓絶なる利益」の承認を得ようと努力してきた。しかし、努力は部分的に成功したに止まり、要求が明確な文章で承認された場合にも、こうした字句を含む国際協定または了解の多くは、時の経過とともに正式に廃棄またはその他の方法によって消滅した。日露協約、石井・ランシング協定などはその例である。ワシントン会議における九カ国条約もまた勢力範囲の発想を否定したものである。時勢は変化したにもかかわらず、満蒙に優先権があるとする日本の態度だけが変化しなかったのだ、と。

こう述べた後、報告書は特殊権益とされてきたものについて吟味を行っていた。ここでは、日本側を最も憤慨させたと想像される二つの問題、すなわち併行線禁止問題と鉄道守備隊問題をとりあげる。日本側は「清国政府は南満州鉄道の利益を保護するの目的を以て、該鉄道を未だ回収せざる以前においては、該鉄道附近に之と併行する幹線又は該鉄道の利益を害すべき枝線を敷設せざることを承諾す」との条文からなる秘密協定を、一九〇五年一二月二二日の満州に関する日清条約で締結したと高唱してきた。第1章の建川の演説などを思い起こされたい。

しかし、と報告書は続ける。「「併行鉄道」に関する千九百五年十一月乃至十二月の北京会議における支那全権の約束なるものは何れの正式条約中にも包含せられ居らざること、問題の約束なるものは千九百五年十二月四日北京会議の第十一日目の会議録中」にあるだけだと書いていた。これは正確であり、『日本外交文書』によっても確認できる。北京会議には、日本側全権・小村寿太郎《じゅたろう》のほか内田康哉駐華公使も参列していた。対する中国側全権は慶親王、袁世凱《えんせいがい》らであった。

中国側は条約文の形式を一貫して拒絶し、日本側は議事録上の文言として記載するしかなかった。このような事情は同時代の為政者間には自覚されており、併行線の定義、幹線枝線の定義など、実のところ柔軟に対処されていた。だが、陸軍が展開した国防思想普及講演会において歴史の記憶の改変がなされ、条約を守らない中国側を非難する常套句として、この併行線問題は利用され尽くされてきた感があったのである(加藤陽子『戦争の日本近現代史』)。

鉄道守備兵は条約になし

二つ目は、南満州鉄道沿線に守備兵を駐兵する権利をめぐる問題であった。ポーツマス条約追加約款第一条第三項により日露両国は「一キロメートル毎に十五人を超過せざる」鉄道守備隊を置く権利を相互に承認した。ロシアから東清鉄道南支線を譲渡された日本にとっては、守備兵を置く権利もまたロシアから日本に継承された権利にみえたことだろう。

しかしこれにも複雑な背景と経緯があった。そもそも、一八九六年と九八年の東清鉄道契約第五条においては、鉄道の安全上の保護にあたる義務と権利は清が負っていた。一九〇二年四月八日に露清間に調印された満州還付協約においても、ロシアは、鉄道沿線に守備兵を置く権利を認められていなかった。ただし、北清事変後の混乱の中で、清がロシアによって調印を強いられたといってよい満州還付協約においては、ロシアは鉄道附属地において、中国の警察からの管轄権の主張を拒否する権利を認められるようになった。つまりロシアが鉄道附属地で持っていた権利は、中国の警察権を拒否する権利であり、守備隊を置く権利ではなかった。

こうした事実は、日露戦争前、小村外相その人自身が十分知悉していた。小村は開戦前、ロシア側の非を鳴らす際、この知見を有効に使った。小村は、〇三年五月五日、在漢口の矢田七太郎領事館事務代理に宛て「鉄道護衛兵なるものに付ては、清露両国間に何等の条約ある訳には無之候《これなく》」として、この点をロシア側への抗議に使うよう求めている。

〇五年一二月の満州に関する日清条約において、中国は最後まで鉄道守備兵についての日露合意への承認を与えなかった。しかし、日清条約に附帯する附属協定第二条に次のような規定を日本は中国に認めさせることに成功していた。いわく、中国は日露両軍と鉄道守備兵の早期撤退を希望する、その希望について日本も了解するので、①ロシアが鉄道守備兵の撤退を承諾した場合、あるいは、②満州地方が安全となり「外国人の生命財産を清国自ら完全に保護し得るに至りたる時は日本国も亦露国と同時に鉄道守備兵を撤退すべし」と述べた一文である。

中国との関係において、日本は駐兵権の根拠をこの第二条に置いた。ロシアは一七年に守備兵を撤退させ、革命後の二四年の中ソ協定では駐兵権を抛棄した。それにもかかわらず日本は守備兵を撤収しなかった。その点につき日本は、満州の治安が確保されないので撤兵できないと反論していた。中国側は一貫して日本の鉄道守備隊の満州駐屯は「法律上においても事実上においても正当」でないと主張していた。

以上、過去の日中間の条約関係に明るくない人間や法律論に興味のない人間にはうんざりするような論述が、リットン報告書の第三章では延々と展開されていたのである。

欺瞞と真実

以上の論点は日本にとっての核心を衝くものだったろう。併行線を禁止した「条約」に違反し、満鉄の正当な収益を「包囲網」の形成により妨害した張学良の悪政といったイメージを、メディアや講演会によって国民は何度も聞かされてきた。国民は、併行線禁止が条約文ではなく、また「附近に之と併行する幹線」「利益を害すべき枝線」などの定義についても議論の余地があると、報告書によって初めて知ったのであった。

実のところ、同時代の外務や陸軍の当事者は、併行線禁止云々の機微を以前からよく了解していた。併行線禁止について日本側が正式の文書でどのように言及していたかを確認すると、たとえば、〇八年九月二五日の閣議決定では「日清会議録の正文及び精神」と呼び、〇九年七月一三日の閣議決定においても「北京会議録中に存する明文」と呼んでいたことが確認できる。同時代にあっては、まさにリットン報告書の指摘する通り、北京会議録中の言明に過ぎないとの現実に即した認識が内閣のレベルでは確実にあったことがわかる。

二七年時点で駐華公使であった芳沢謙吉などは、日露戦後の事情を了解していた外交官であった。芳沢は、併行線禁止などは、「満州善後談判の際における言質」だけでしかないことをよく了解していた。また、芳沢は日本側の方針がこれまで一貫してこなかった非についても自覚していた。陸軍と満鉄などは、対ソ戦に有利な鉄道であれば、満鉄の併行線であろうとかまわず中国側に敷設させてきた。洮斉線［洮南－斉々哈爾《チチハル》］などはその代表的な例であった。

また、関東軍の一部を構成する鉄道守備兵の、そもそもの条約上の根拠が危ういことについては、専門員の一人であったヤングの著書『南満州鉄道附属地における日本の管轄権』がすでに明らかにしていたところであった。リットン報告書第三章の歴史的争論部分の根幹を書いたのは、このヤングであると推定される。外務省の法律顧問であり、リットン報告書に対する日本政府意見書のうち、日本の特殊権益についての部分を執筆したベイティ（オックスフォード大学とケンブリッジ大学で国際法学を修めた）も、そのようにみていた。

ヤングの著作は、一九三三年一月の時点で満鉄資料課の手によって翻訳されていたが、同書中の第一〇章でヤングは、日本が満鉄附属地に行政権を行使してよりこのかた、鉄道沿線に駐屯する鉄道守備隊ほど多くの問題を発生せしめた制度もなければ、これほど中国官民の敵愾心を煽った原因もなかったと書いていた。ヤングの著作第一〇章の記述は、リットン報告書の議論の筋と一致する。

国際法の専門家であったヤングは、中国政府の法律顧問を務めワシントン会議において中国政府随員となったジョンズ・ホプキンス大学のウィロビー教授の弟子にあたる（篠原初枝『戦争の法から平和の法へ』）。リットン報告書はイギリス的な現実主義で書かれた部分も多く、日本の経済的利益の擁護への配慮も十分なされていた。しかし、日本側が歴史的に議論を積み重ねてきた満蒙における日本の特殊地位について、新しい国際法学を受容したヤングのような国際法学者によって、法律的な解釈が下されていたために、日本側は強く反発することとなった。ウィロビーとヤングの学統を考慮すれば、国際法学も現実政治から無縁の世界ではなかったことに気づく。むしろ、この時代ほど、国際法学と現実が斬り結んだ時はなかったのではないか。

3　焦土外交の裏面

ラジオ演説

三三年四月、松岡全権は帰朝した。五月一日にラジオで流された帰国報告は、興味深いものであった。そこで松岡は、自分は失敗した、何とかして、連盟に残っていたかったのだ、と真情を吐露していた。松岡の挙げた失敗の要因は六点。①イギリス商品のボイコットという中国の「脅迫」が効いたこと、②和協委員会へ米ソを招請しようとした連盟の意向に日本政府が反対したこと、③一九人委員会起草の報告書をめぐるイギリスからの妥協申入れが日本政府によって拒絶されたこと、④緊迫化するヨーロッパの国際政治情勢の下、連盟を生命線とする「小国」がいかなる武力行使にも脅威を感じたこと、⑤右のような「小国」の意向を、欧州問題と比較すれば二次的な意味しかない極東問題のためにイギリスが無視するわけにはいかなかったこと、⑥熱河問題がイギリスの北平・天津地方における権益に不安をもたらしたこと。

一見すると松岡の言は、一九人委員会などを構成していた小国に自らの失敗の責任を転嫁しているようにもみえるが、ここでは当面、②と③に注目したい。和協委員会に米ソを加えようとして乗り切ろうとした連盟や英国の妥協案に、日本政府が反対した事実を松岡は暴露してい

図 **4-5**　国際連盟から帰還した松岡洋右，1933年4月（©毎日）

た。それでは、当の松岡は妥協案に賛成してもよいと考えていたのだろうか。

たしかに松岡は妥協を政府に説いていた。外交電報がそれを語る。三二年一二月一〇日、イギリス外相・サイモンは駐英大使・松平恒雄に和協委員会案を提示した。一九人委員会に日中両国を入れ、連盟非加盟国である米ソも入れた委員会を組織するとの妥協案であった。しかし、斎藤実《まこと》内閣の外相に就任した内田康哉は本案を拒絶した。強硬路線を貫く内田に、松岡など出先は困惑した。松岡は、一二月一四日の第一一二八号電で「本邦側にも考え直す余地あるやに思考せらるるに付」「米露招請問題の如きは寧ろ重きを置かず、之を快諾して突進する方」がよいと、妥協案受入れを具申した（『日外』満州事変、第三巻）。

陸軍側随員であった建川美次なども、アメリカを加えた妥協案でよいと考えていた。建川は陸軍大臣宛ての一二月一五日付秘密電で「此際大きく出て彼等の加入に同意せられては如何かと存ず」と書き送った（「国際連盟（軍縮を除く）並びに其他国際関係書類綴」防衛研究所蔵）。アメリカ参加に内田が強硬に反対したのは、アメリカが参加すると中国が日中直接交渉に応じなくなると恐れたからであった。内田の頭には、中国政府内の親欧米派の圧迫だけがあった。イギリスはさらなる妥協案を日本側に提案した。三三年一月二六日、サイモン外相は松岡に面会し、第一五条第三項による和協委員会（米ソ不参加）において、日中両国が直接交渉を図るのはどうかと尋ねた。松岡は賛成したが、一月三〇日、内田はこれをも拒否する。訓令に接した松岡が内田に宛てた電報の一節は切々たるものがあった（『松岡洋右　その人と生涯』）。

中上ぐる迄もなく物は八分目にてこらゆるがよし。些《いささか》のひきかかりを残さず奇麗さっぱり連盟をして手を引かしむると言うが如き、望み得ざることは、我政府部内におかれても最初より御承知の筈なり。日本人の通弊は潔癖にあり、日本精神の徹底と満洲問題の解決と言う如き大問題が、一曲折、若くは十九人委員会議長の内容位に強くこだわる如きことにて遂行し得るものに非ず（中略）一曲折に引きかかりて遂に脱退のやむなきに至るが如きは、遺憾乍ら敢て之を取らず、国家の前途を思い、此際率直に卑見具申す。

松岡は、脱退は日本のためにならないと述べて、内田を懸命に説得していた。

国内状況　時間を三二年五月に戻そう。日本側は中国を批判する際、統治が全域に及ばず、共産軍も跋扈《ばっこ》していると述べることが多かった。しかし、リットン調査委員会は、三月に会見を遂げたばかりの、小柄だが生き生きとした目をもつ犬養首相が海軍青年士官に官邸で暗殺されたとの五・一五事件の報を満州で聞くことになる。軍部を抑えられない日本は、安定した政府といえるのかと反問されれば、返すことばのない社会不安のただ中に日本はあった。海軍士官・三上卓《たく》の筆になる「日本国民に檄す」との檄文の一節は、次のようであった。事件を起こしたのは、軍人のほか、橘孝三郎率いる愛郷塾に関係のある農村青年であった。

日本国民よ！／刻下の祖国日本を直視せよ。／政治、外交、経済、教育、思想、軍事！何処に皇国日本の姿ありや。／(中略)民衆よ！／この建設を念願しつつ先ず破壊だ！

軍法会議では当初、主謀者の古賀清志や三上などに死刑を求刑した。しかし裁判の過程で明らかにされた農村の窮状に社会の同情が集まり、古賀・三上に対する判決は禁錮一五年に減刑された。たしかに、被告の一人、陸軍士官候補生・篠原市之助が裁判で「農を以て基とする我国の農村の窮乏は、実に国家存亡の危機であります。(中略)遠からず百姓一揆が起ります。百姓一揆が起れば子は親に銃を向けまして骨肉相食むの惨状を呈し、兵農は分離し軍隊を破壊し、国体を破壊します」と述べた陳述は切実な響きをもっていただろう。

天皇は後継首班奏薦《そうせん》にあたる西園寺に希望を伝えた。それは、①人格の立派な者、②政治の弊を改善し、陸海軍の軍紀を振粛《しんしゅく》できる人格者であること、③協力内閣・単独内閣は問わず、④ファッショに近きものは絶対に不可、⑤憲法擁護、の五点であった。西園寺は前朝鮮総督、海軍大将の斎藤実を奏薦し、五月二六日、斎藤内閣が成立する。二四年以来、慣習的に成立してきた政党内閣制はここに終止符をうつこととなった。だが、挙国一致内閣において政党勢力がただちに後退したわけではない。政友会の高橋是清(蔵相)と民政党の山本達雄(内相)のほか、政友会から二人、民政党から一人が入閣している。

強硬の裏面

この時期、議会は対外的に強硬な姿勢をみせていた。三二年六月一四日、第六二議会衆議院本会議において、政友・民政共同提案の満州国承認決議は全会一致で可決された。満鉄総裁時代から関東軍の行動に協力的であった内田外相は、早くから満州国独立・満州国承認論を論じていた。内田のいわゆる焦土演説(「国を焦土としても」満州国を承認する)は八月二五日の議会においてなされ、九月一五日、日本政府は日満議定書を調印し満州国を承認する。内田は、日本の行動は自衛であり不戦条約には違反しない、また満州国の成立は中国内部の分離運動の結果であるから九カ国条約に反しないと述べた。軍の論理とまったく同じことを外相が述べていた。

リットン報告書の公表直前、満州国を単独承認した、挑発的ともいえる日本のやり方には、連盟の日本代表部のほか、朝鮮総督の宇垣一成などからも批判はあった。しかし、日本軍を駐屯させ、交通機関を掌握し続けるためには、満州国を正式に承認し、同国と条約を締結しなければならないと説く主張は、次第に説得力を増していただろう。「満蒙自由国設立案大綱」(三一年一二月)において、独立政権で駄目な理由が、条約を締結できないから、とされていたことを思い出したい。

日満議定書は、①満州国は、これまで日中間に締結された「日支間の条約、協定その他の取極及び公私の契約」によって日本国や日本人が有する一切の権利利益を確認し尊重する、②日満両国の共同防衛のため日本国軍は満州国内に駐屯する、の二点からなっていた。議定書は、これまで頭痛の種であった、併行線禁止条項の効力の是非に終止符をうち、一五年の「南満州及び東部内蒙古に関する条約」第二条で認められていた商租権を初めて可能とするものだった。

議員たちの頭が、満州国承認、連盟脱退で固まっていたかというとそうではなかった。当時の文脈では、承認と脱退が連動しなかったことをまずは理解する必要があるだろう。外交官から衆議院議員に転じた芦田均《ひとし》は、政友会機関誌に「リットン報告書と満洲問題」(『政友』三二年一一月号)を発表し、満州国承認を当然とした上で、次のような冷静な判断を述べていた。

「連盟総会が日本の主張を無視するような調査委員会報告書の結論を採択したとしても、連盟規約の解釈としては、連盟の勧告を承諾しないと云うことが、直ちに規約違反とはならないのである。従って国際連盟が吾々の承諾できない案を勧告として押し付けた場合には、我国は敢然として其の勧告に応じないと云うだけの態度を維持すれば足りる」。制裁の可能性がない以上、日本は脱退の必要などないと芦田は主張した。政党機関誌を細心に読めば連盟脱退の意思が実のところ政党にはなかったとわかる（井上寿一『危機のなかの協調外交』）。

国民の間には、満州国承認と連盟脱退を結びつけ、脱退を辞せずなどと息巻く風潮が広がっていた。東京帝国大学教授で、当時、宮内省や外務省の法律顧問であった国際法学者の立作太《たち》郎は、脱退論を沈静化するための議論を展開していた。脱退を急ぐ俗論は、満州事変と上海事変（第一次）が連動したことで、連盟規約第一五条で提訴された以上、第一六条の制裁の可能性が生じ、その適用を避けるために脱退すべきだと説くものが多かった。しかし、と立はいう。紛争当事国の日中代表者を除いて、連盟理事会あるいは総会代表全部の同意を得た報告書による勧告を受けたとしても、それは元来調停の手続きに属するものだから、勧告そのものは法律上の拘束力はなく、それに従わなくとも法律上の義務違反となることはない、よって日本は単にこれを受諾しない、との立場をとればよいと述べていた。芦田の議論と同じであった。

また、第一六条の制裁も、第一五条の帰結ではない点に注意を促していた。第一六条が問題となるのは、「紛争当事国を除き、加盟国の全員が一致を以て決定したる勧告に対手国が服する際において、我より戦争を起す場合に初めて存する」のだ、と（立作太郎『国際聯盟規約論』）。

たしかに、立のいうように、第一六条は、第一五条による約束を無視して戦争に訴えた場合、つまり、第一五条による勧告が出た後で「新しい戦争」を始めた場合、制裁が適用されると読める。この論点は三三年の熱河作戦に際して大問題となってゆくので記憶されたい。

内田の対満政策はたしかに強硬にみえた。しかしそのことは、内田の対中政策全体が強硬であったことを意味しない。内田は、中国内部の権力対立を注視していた。

内田外交の真意

三二年四月二四日、先の行政院長であり立法院長である孫科は「抗日救国綱領」を発し、連米、連ソを唱えていた。また五月、汪兆銘が行政院長を務める行政院は、国民党中央政治会議に対し、即時対ソ復交を求めた。孫や汪などは蔣介石の対ソ方針と齟齬する決定を行ったのである。しかし、六月六日の国民党中央政治会議は、当面は不可侵条約だけをソ連と締結するとともに、ソ連の対中宣伝を阻止する案を決定し、行政院の案を退けた。さらに蔣は、六月中旬、政・軍首脳部を秘密裏に廬山《ろざん》に集めた会議で、対ソ関係については現状維持に留め、「攘外必先安内〔共産軍を打倒した後、日本にあたる〕」方針を決定し、帰任する蔣作賓駐日公使を呼び、「日本に対しては提携主義を採る」との方針を日本側に伝えさせていた。六月、蔣は第四次剿共戦を再開する。

八月二四日、蔣介石は蔣作賓に対して「もし日本当局に方針を多少変更し中日間の親善を改めて図る転機があるなら、中国は直ちに交渉を開始することにする。(中略)私は責任を持ってこのことに当たる」との極秘電報を送った(鹿錫俊『中国国民政府の対日政策』)。内田はこうした蔣介石の意向を知った上で、焦土演説を行っていたのである。内田は、ソ連に宥和的な孫科などの勢力を排し、蔣・汪合作政権が満州国を事実上認める線での日中直接交渉へと誘導されるのを期待していた。また、中国側が「内心連盟の頼にならざることは充分に承知しつつも之〔連盟〕にすがり、国民の手前を繕う」(三二年一二月一九日)必要がなくなるよう、中国側を日中直接交渉に誘導すべく、連盟の日本代表に指示を与えていた(酒井哲哉『大正デモクラシー体制の崩壊』)。国民政府内の連米連ソ派の圧迫を内田は狙っていたのである。

三二年九月一五日の日本の満州国承認は、中国国内における連ソ派の主張を再び説得力あるものとした。中国はソ連が満州国承認に走るのを恐れ、不利な条件をのんだ上で、一二月一二日、中ソ国交回復に踏み切った。しかしなお、蔣・汪政権の反共反ソの立場と「和患急、露患緩。露患大、和患小〔日本の禍は急だが小さい。ソ連の禍はゆっくりだが大きい〕」との見方に変化はなかった。

総会における波紋

連盟特別総会は三二年一二月六日に開かれた。顔恵慶中国代表は、総会が日本を連盟規約、不戦条約、九カ国条約の侵犯者であると宣言すべきこと、日本軍を撤退させること、満州国政府の解消を希望すると述べた。しかし第一六条による経済制裁を要求しはしなかった。

チェコのベネシュ外相は、日本の行動が不戦条約の侵犯であり、連盟規約の大部分の否定であり、また満州国の成立については規約第一〇条の違反であるとし、「既成事実は世界平和の為最も危険なるもの」と訴えた。アイルランド代表やスイス代表も同様に中国側に立った。スペイン代表は、規約第一〇条、第一二条にもかかわらず日本の行動を例外として認めたならば、「一切の出来事は例外的事件となり得べし」と述べて、法と秩序の維持が大切であると説いた。

日本全権の松岡は、連盟の示すべき解決案は、有効に実行できるものであり、極東の平和を完全に保持できるものでなければならないと述べた。その後も、各国代表の演説が続いたが、一二月七日のイギリス外相・サイモンのスピーチは論議を呼んだ。サイモンはリットン報告書の第九章から「一国の国境が隣接国の軍隊に依り侵略せられたるが如き簡単なる事件にも非ず」の部分に言及し、中国側は自国に排外感情はないといいながら、報告書にもあるように排外主義は厳として存在しているとし、実際的な解決が必要だと主張した。

イギリスが中国側を最も憤慨させたのはおそらく、「余は直接交渉と云うことについて聞いた。若しそれが良好な結果をもたらすものならば全力を以てこれを支持したい」との部分であったろう。中国は日本との直接交渉に臨めとサイモンは述べたのである。翌八日、カナダ代表もまた、中国は連盟加盟国たるに必要な条件である、強力なる中央政府をもっているのかとの個人的疑問を呈し、「今回の事件の為、連盟の権威失墜すとの議論」はあまり誇張してとらえるべきではないと述べた。イギリスとカナダの議論を聞いた小国の間には、英連邦が結託し、連盟の理想を裏切るのではないかとの衝撃が走った(ソーン『満州事変とは何だったのか』下)。

サイモンや日本代表部が、満州事変の特殊性を訴えたのは、少なくとも主観的には中国の統治能力をおとしめることに主眼があったのではなく、事変に対する連盟の処理が将来の自らの安全保障に直結すると怯える小国の懸念を、これは極東で起きた特殊な事件であるとの論理で払拭しようとしていたものと推測できる(酒井哲哉「「東亜協同体論」から「近代化論」へ」)。

一二月八日午後、総会における中国代表としての最後の演説では、郭泰祺《かくたいき》代表が立った。郭は日本での軍閥の跳梁、中国側の抵抗力、日本の財政状態よりも中国側の方が堅調であること(為替の下落という意味で)、日本はボイコットを重大なる国際罪悪であるとするが、中国側はボイコットを「不当なる攻撃に対する復仇手段」であると考えている、と述べた。郭の述べた復仇とは、「はじめに」で述べたように、国際不法行為の中止や救正を求めるため被害国が行う強力行為のことで、相手国やその国民の権利を侵害しても違法性が阻却される。その際、比較的多くとられる方法は、相手国の国民や貨物の抑留、領土の一部の占領などであった。つまり、郭はボイコットが違法ではないと主張したのであった。

総会の最後には松岡が演壇に立った。いわく、太平洋に臨む大国・米ソは連盟に加盟していない。このような極東情勢にあって、また連盟が必ずしも万全な体制で極東に臨めない現実を鑑みた時、「日本が連盟規約に何ら伸縮性を帯ばしめずして、これに裁かれることは絶対に不可である、と諸君の前に言明することは極めて常識的なわかりきった話ではないだろうか」と問いかけた。松岡は、米ソが連盟に加盟していないことからくる極東の不安定さを日本が担保してきたのだから、規約を厳格に日本に適用して裁くのは不当だと訴えていた。

たとえば、リットン報告書の解決案にあった国際憲兵隊構想を考えてみた場合、この軍隊が編成されるまで「満州をどうしておくというのか」。また報告書の述べる解決案は、中国に「鞏固《きょうこ》なる中央政府」が存在することを前提としてしまっているのではないのか。

松岡は、すでに中国と日本との間で繰り広げられてきた法律論によって、日本の正当化を図ろうとするのではなく、連盟の説く理想案が厳格に適用された場合、極東地域に生ずるであろう混乱のイメージを聴き手に喚起しようと努力していた。松岡演説がなされた一二月八日の夜、ジュネーブのホテル・メトロポールでは『リットン卿一行の満洲視察』なる映画が披露された。これは満鉄が作成した「宣伝」映画であったことはいうまでもないが、六百余名の観客があったという。銀幕の上ではたしかに「国家」は存在したのだろう。

総会は一二月九日、リットン報告書と総会の討議をふまえて、できるだけ早い解決案を提出するよう一九人委員会に求める決議を採択して終了した。同一五日、委員会は総会に提出すべき決議案の草案を書き上げた。

それ以降の日本代表による妥協に向けた努力は松岡のラジオ演説の項ですでに述べた。連盟の日本代表が、米ソを加えた和協委員会案での妥協を具申して以降、内田は一カ月余も反対し続けた。内田にしてみれば、中国に影響力を行使しうるアメリカが出てくれれば、せっかくの国民政府内の直接交渉への気運が吹き飛ぶと懸念されたのだろう。内田の三三年一月一七日付の電報は「米露の招請は（中略）支那側の他力主義を刺戟するもの」とし、この点が「米露招請の最も愚策」である理由だと決めつけた。陸軍代表の建川さえ賛成した妥協案を内田が葬った瞬間であった。

天皇の不信

内田は脱退せずに済ます自信があったようである。天皇に対して「連盟の方は極めて楽観し居りて、最早峠は越したり、脱退などの事はなかるべし」と奏上したという（『牧野伸顕日記』三三年一月一九日）。一月一七日の電報で内田は代表部に宛てて「御尽力に依り決議案及び議長宣言案共に著しく「インプルーブ」（改善）し」と書き「今一押の所と存ず」と述べ、「未だ軽々に脱退又は引揚等を問題とすべき時期に非ずと存ず」と書き送っていた。

しかし、真実は牧野が冷ややかに書き添えた日記の次のことばの方にあったのだろう。「御上は恐れながら全然御納得遊ばされたる様にあらせられず」。天皇は内田の楽観的奏上をまったく信用していなかった。連盟事務局による妥協案やサイモンによる最後の妥協案も日本の容れるところとはならず、三三年二月六日、第一五条第四項による勧告案の審議に移ることとなり、同一六日、一九人委員会の採択を経た第一五条第四項に基づく勧告が発表された。ジュネーブの日本代表部には一五日夜、内示された。

勧告案はリットン報告書をベースとした和協案よりも厳しいものとなっていた。中国のボイコットに対しても、三一年九月一八日以後のボイコットは「復仇行為」と認定し、中国側に一切責任はなかったとした。日本側は仲裁裁判により解決を図るべきであったとも述べていた。勧告案はリットン報告書第九章の一〇条件を列挙した後、①日本軍隊の駐屯地附属地以外の場所からの撤収勧告、②「満州における現制度(the existing regime in Manchuria)の維持及び承認は排除され、「連盟国は法律上においても又事実上においても引続き右制度を承認せざるべし」と述べていた。②は、満州国の存在は、これまでも、今後も認めないとの明確な言明であった。

リットン報告書は第九章で、張学良政権の満州復帰を排除した後「将来における満足すべき制度は何等過激なる変更なくして現制度より進展せしめ得べし」との婉曲な表現により、満州国と将来の政権との連続面をも示唆していたが、勧告は明らかに異なっていた。

二つの脱退論

政党も内田外相も、連盟脱退を実のところ考えていなかったことはすでに述べた。松岡もまた連盟との妥協を追求していた。むしろ脱退論は意外なところからやってきた。専門外交官の中にこそ、脱退論が比較的早くからみられた。小国の意向に拘束されがちな連盟を離れ、事態が沈静化するのを待って満州問題の解決は大国間の協議で進めたらよい、との意見であった。たとえば、駐仏大使の長岡春一《しゅんいち》は「脱退の場合、満州問題は事実上連盟の手を離れ、穏健なる意向を有する大国側は右過激分子の掣肘《せいちゅう》を免れ、同問題に付自由の立場に置かるべき様存せらる」(三二年四月四日)と具申していた。たしかに歴史の事実は、各国がすぐさま満州のことを忘れたことを教える。戦債支払いをめぐる米仏の対立、ヴェルサイユ体制へのドイツの異議申立て、軍縮をめぐる英仏の対立など、問題は山積していた。

脱退論の二つ目は、国際法学者の立作太郎が論じていた第一六条の制裁の問題にかかわる。立は安易な連盟脱退論を抑えるため、第一五条の和解や勧告を無視して新しい戦争に訴えた場合にだけ、第一六条の適用が始まる、と論じていた。問題は「新しい戦争」の内容にあった。関東軍が満州国を完成させるため、かねてから、彼らの認識においては満州国の領域に入るとみなしていた熱河省において戦闘を始めたらどうなるのか。一九人委員会による勧告が採択された後、戦闘を始めた場合どうなるのか。中国はもちろんのこと英米列国もまた、熱河省での戦闘を「新しい戦争」とみなすだろう。そうなれば、制裁や除名の恐れが出てくるのであった。このように考えた斎藤内閣の内側から、脱退論が急速に膨張してゆく。

熱河作戦との連動

三三年一月一三日の閣議で斎藤内閣は、熱河限定での作戦を諒承した。この時点では、連盟は第一五条第三項の和協案作成段階にあった。関東軍の認識においては、満州国の領域内の熱河省において、満州国から「領域内において軍事行動上必要なる自由保障」を供与されていた日本軍が行動を起こすのであれば何の問題もない、と考えられていたのであろう。

参謀本部が三二年三月に作成した「熱河省兵要地誌」によれば、熱河を獲得するメリットは、①西と北に隣接する中国とソ連から、満州国を隔離する緩衝地帯とできること、②平津地方(北平と天津)領有に際して、東からの作戦が可能となること、の二点にあった。石炭の入手や阿片収入の確保、張学良軍の撃滅はむしろ副次的であったろう。陸軍当局は三三年一月一一日、「熱河省は満洲国の一部たることは厳然たる事実である。従って省内において治安を紊《みだ》すものは満洲国の不逞分子」との論理での説明を行っていた。新たな対外戦争ではなく、満州国内への警察的な鎮圧であるというのである。内田外相もまた、一月二一日「所謂熱河問題は純然たる満洲国内部の問題」との見解を帝国議会で述べていた(内田尚孝『華北事変の研究』)。

既定の計画内であるとの感覚は、参謀総長と天皇の間にも共有されていた。閣議決定を経て、一六日参内した閑院宮参謀総長に対し、天皇は「今日迄のところ満洲問題は幸によくやって来たが、熱河方面の問題もあるところ、充分慎重に事に当り、千仭《せんじん》の功を一簣《いっき》に欠かぬ様に」とのことばをかけた(『木戸幸一日記』)。この一件を知った内大臣・牧野は、連盟規約との関係上、熱河問題のもつ危険性に気づいたのだろう。一九日、「総長宮への御言葉は統帥範囲の事に属し、然かも其影響は場合に依り内閣の問題にも相成るべき事柄に有之、首相において承知し可然事と存ずる旨」（『牧野伸顕日記』）を天皇に奏上して、嘉納《かのう》（許可）されている。牧野の配慮により、参謀総長の上奏に対して、天皇が許可を与えた一件が首相にも伝えられた。

除名の恐怖　事態は二月八日に動いた。現地時間で六日、連盟の手続きが、第三項の和協案から第四項の勧告案へと移行したことが内閣に伝えられたのであろう。この日、斎藤首相は、熱河攻撃は連盟の関係上実行しがたいので、内閣として同意できない、午後閣議を開いて相談するつもりだ、と天皇に伝えた。一月一三日の閣議決定を撤回したいというのであった。和協案で妥結できる見通しがある限り、熱河作戦は危険ではなかった。だが勧告案は制裁や除名に連動する。

斎藤の奏上に驚いた天皇は、侍従武官長の奈良武次に対して「過日参謀総長に熱河攻略は止むを得ざるものとして諒解を与え置きたるも之を取消したし。閑院宮に伝えよ」と命じようとした。連盟に止まろうとする斎藤の方針を天皇は支持したかったのだろう。天皇はここにおいて初めて、一月一六日、自らが参謀総長へ与えたことばが桎梏に転じたことに気づいた。

二月一一日、天皇はさらなる憂慮に襲われている。斎藤がこの日、「熱河作戦を敢行すれば連盟規約第十二条に依り日本は除名せらるる恐れあり、夫故《それゆえ》中止せしめんとするも既に軍部は御裁可を得居るとて主張強く中止せしむるを得ず」（『侍従武官長奈良武次日記　回顧録』）と苦衷を天皇に伝えたからであった。奈良は天皇のようすを「御機嫌大に慶《よろ》しからず」と描写している。

表 4-7　国際連盟規約第 10 条【領土保全と政治的独立】，第 12 条【国交断絶に至る虞ある紛争】

第 10 条　連盟国は連盟各国の領土保全及び現在の政治的独立を尊重し，且外部の侵略に対し之を擁護することを約す，右侵略の場合又は他の脅威若《もしく》は危険ある場合においては連盟理事会は本条の義務を履行すべき手段を具申すべし．
第 12 条　連盟国は連盟国間に国交断絶に至るの虞《おそれ》ある紛争発生するときは当該事件を仲裁裁判若は司法的解決又は連盟理事会の審査に付すべく，且仲裁裁判官の判決若は司法裁判の判決後又は連盟理事会の報告後三月を経過する迄如何なる場合においても戦争に訴えざることを約す．

天皇は、「統帥最高命令に依り之を中止せしめ得ざるや」と、やや興奮して奈良に命じようとした。

奈良は、首相の発言はまず理解できない部分が多いとした。奈良は、除名の危機が本当にあったとしても、だからといって斎藤首相のいうままに、天皇がすでに参謀総長へ与えた裁可を覆すのは間違っている、と論じた。「国策上害あることなれば閣議において熱河作戦を中止せしめ得ざる道理なし、国策の決定は内閣の仕事にして閣外にて彼是《かれこ》れ指導することは不可能のことなれば、熱河作戦の中止も内閣にてなさざるべからず」。決定が間違ったのならば、内閣が天皇に頼ろうとするのは筋違いであり、閣議決定を修正すればよいのだと奈良は答えている。

首相と天皇がこれほど狼狽したのは、「熱河は満洲の一部」という議論の盲点に気づいたからであった。先に立作太郎が、規約第一六条による除名が問題となるのは「紛争当事国を除き、加盟国の全員が一致を以て決定したる勧告に対手国が服する際において、我より戦争を起す場合に初めて存する」と論じていた部分を思い出したい。除名は連盟規約に違反した連盟国に対してなされる。規約第一二条には、「理事会の報告後三月を経過する迄如何なる場合においても戦争に訴えざることを約す」との条文があった。熱河侵攻が満州事変とは連続しない新しい戦争である、と連盟がみなせば、規約第一二条違反となってしまう。

脱退へ　熱河作戦は撤回できない。第一六条適用もありうるかも知れない。ならば速やかに脱退すべきだとの方針を内閣はとった。二月二〇日の閣議は、連盟総会が勧告を採択した場合の脱退を決定する。同二二日、日本軍は熱河侵攻を開始する。同二四日、総会において勧告案への採決がなされた。投票総数四四、賛成四二、反対一（日本）、棄権一（シャム）。第一五条第一〇項の規定により棄権は欠席とみなされるので、満場一致で勧告は採択された。第六、第八の二個師団を中心とした日本軍は、三月四日、熱河省の省都・承徳を陥落させる（安井三吉『柳条湖事件から盧溝橋事件へ』）。

国民はどう受け止めたのだろうか。長野県の養蚕地帯として知られた下伊那地方の郡民大会は脱退を決議した。この地域では、地域有数の名望家であった森本州平を中心として、二四年から国民精神作興運動がさかんであった。三三年二月一一日の大会宣言にいわく、「満洲国の独立と我が正当なる自衛権とを否認し、却て抗日、排貨運動を正当視せんとするが如きは、東洋の平和を攪乱し、国際連盟の精神を自ら没却するもの」だというのであった。

中国側からみた熱河

熱河作戦の日本側の意図はすでに述べた。それでは、中国からそれをみるとどうなるか。

三三年五月一五日、蔣介石は張学良に対し、熱河省主席・湯玉麟の処分を命じた。湯が関東軍の主催した東北行政委員会に参加し、満州国建国宣言に署名したからであった。蔣は山海関(河北省)と熱河省が東北軍の根拠地であったため、張に湯を処罰させ、今回の件を契機に、熱河省を国民政府統治下に編入し、満州国に対するゲリラ戦の基地に利用しようと考えていた。

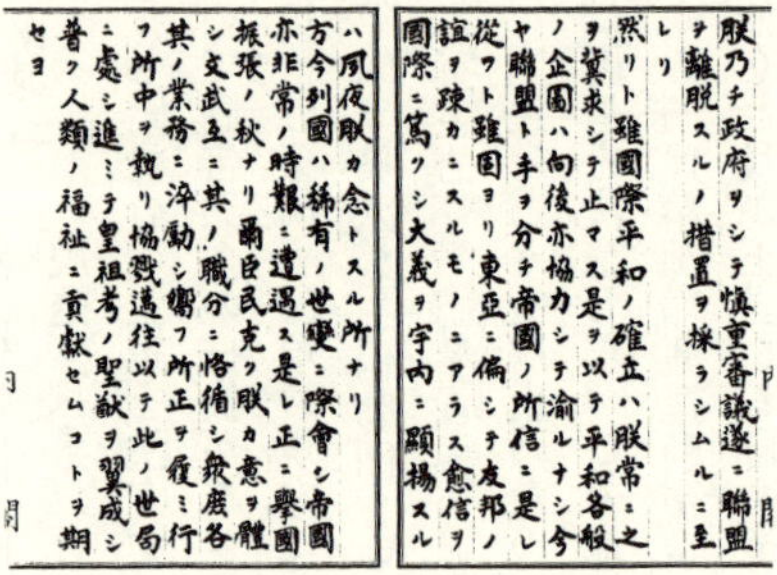
朕乃チ政府ヲシテ愼重審議遂ニ聯盟ヲ離脱スルノ措置ヲ採ラシムルニ至レリ
然リト雖國際平和ノ確立ハ朕常ニ之ヲ冀求シテ止マス是ヲ以テ平和各般ノ企圖ハ向後亦協力シテ渝ルナシ今ヤ聯盟ト手ヲ分チ帝國ノ所信ニ是レ從フト雖固ヨリ東亞ニ偏シテ友邦ノ誼ヲ疎カニスルモノニアラス愈信ヲ國際ニ篤クシ大義ヲ宇内ニ顯揚スルハ夙夜朕カ念トスル所ナリ
方今列國ハ稀有ノ世變ニ際會シ帝國亦非常ノ時艱ニ遭遇ス是レ正ニ擧國振張ノ秋ナリ爾臣民克ク朕カ意ヲ體シ文武互ニ其ノ職分ニ恪循シ衆庶各其ノ業務ニ淬勵シ嚮フ所正ヲ履ミ行フ所中ヲ執リ協戮邁往以テ此ノ世局ニ處シ進ミテ皇祖考ノ聖猷ヲ翼成シ普ク人類ノ福祉ニ貢獻セムコトヲ期セヨ

図 **4-6**　連盟脱退の詔書の一部(アジア歴史資料センター蔵)

しかし、張は湯を直接処分するのではなく、張の直系軍である第七旅団と第一六旅団を熱河に派遣することで処理しようとした。しかし、このような処置では関東軍の熱河侵攻を招くと考えた蔣は、三二年七月、張に対して三個旅団を熱河に進出させ、蔣自らも直系部隊を派遣し、湯を察哈爾《チャハル》省に左遷させる案を張に図るが、張はその案に同意しなかった。七月二〇日の蔣の日記には、張学良の罪は「売国者」に相当するとの痛罵のことばが綴られていた。

蔣の慫慂《しょうよう》に対して張が応じなかったのも無理はなかった。まさに同じ頃、七月二一日、関東軍司令官・本庄繁は閑院宮参謀総長に対し「熱河経略と張学良政権の打倒とは即ち盾の両面にして、両者関連して実行せらるるを以て理想となすは勿論」と書き送っていた。長城を越えて張の東北軍が熱河に入れば、関東軍によって東北軍は撃滅されるだろう。この時期は、リットン調査委員会が北平で報告書執筆の最終段階にかかっていた頃である。その後も張は躊躇するが、一二月、熱河省に五個旅団を進駐させ、蔣の北上を求めた。

しかし蔣は剿共戦を理由に北上を静観した。張学良に対する蔣の冷淡な態度は、これだけの規模の張の直系部隊があれば、日本は攻撃してこないと観測していたからでもある。蔣はその日記に、日本が「国内から五個師団を動員させない限り、熱河省への攻撃戦は無理である」(三三年一月七日の条)と記していた。しかし、現実は、蔣の予測を裏切り、二月二三日、関東軍二個師団による熱河侵攻作戦は開始された。二週間もたたずに熱河省が陥落したことで、蔣は張の辞任を求め、三月九日、張は辞任する(黄自進「蔣介石と満州事変」)。

第5章　日中戦争へ

上海の病院に到着した日赤救護看護婦，1937年9月（©毎日）

1　外交戦

塘沽停戦協定

一九三三（昭和八）年二月二三日、日本軍が熱河に本格的な攻撃を開始すると、中国軍は一部を除き退却した。北京大学教授で、汪兆銘や蔣介石の信頼が篤かった胡適は、中国軍の敗退ぶりを批判した（「全国震驚以後」『独立評論』三三年三月一二日）。いわく、「中国がなぜここまで駄目になったかを深く反省しなければならない。（中略）自らの国家を整頓せずに、空言を以て一切の強敵を打倒しようとしたり（中略）すべての先進国の文化と武装を軽蔑したり、自国の近代化を努力せずに、この冷酷な現代世界で自由平等の地位を勝ち取ろうと空想したりした。これらはいずれも亡国の兆候であった。熱河の惨敗から得た我々の最大の教訓は、我が国の置かれた地位を深く認識し、弱国としての真の復興の道を着実に歩まなければならないということである」と。

胡適は、急進化した国民輿論を批判するいっぽう、国民政府（党）内の対日強硬路線を批判し、蔣・汪の堅実な路線に期待をかけた。同年四月一三日、汪は胡に宛てた書翰に次のように書いた。国際社会において、日本は道義面で孤立したものの、軍事や経済の面では「無道」でありながらも跋扈できる実力を有している。逆に中国は道義の面では同情を得たとはいえ、軍事や経済の面では列国からの援助を何も得られなかったために、実際同じく孤立している。軍事的・経済的に孤立した中国と、道義的に孤立した日本との対抗は、長く続けられるものではない。このように汪は分析し、日本との停戦への道を選択していった。

図 5-1　第 4 回太平洋会議に出席した胡適（左端），1931 年 10 月（©毎日）

五月三一日、関東軍参謀副長・岡村寧次《やすじ》と中国軍代表北平分会総参議・熊斌《ゆうひん》の間で塘沽《タンクー》停戦協定が結ばれた。中国側は、関東軍を東北地方の「地方当局」軍とみなし、自らも、北平政務整理委員会（以降、政整会と略す、委員長・黄郛《こうふ》）と軍事委員会北平分会（委員長代理・何応欽《かおうきん》）を設置した。満州地域の「地方当局」軍である関東軍と、中国の「地方当局」軍である北平分会との停戦という妥協形式を編み出したのである。

だが中国側の接収範囲に長城線は含まれておらず、日本側は警備上の都合を理由に、戦区（満州国と中国を隔てる長城附近の非武装地帯）内への自軍の駐留を強引に認めさせた。政整会の代表となった黄郛は浙江人で、東京陸軍陸地測量部修技所を卒業した知日派でもあった。一三年、第二革命が失敗に帰すと日本に亡命し、二七年以降、上海特別市長、外交部長などを歴任する（光田剛「華北「地方外交」に関する考察」)。

対日強硬派とみられた羅文幹《らぶんかん》外交部長は八月、宋子文財政部長兼行政院副院長は一〇月、それぞれ更迭され、汪行政院長が外交部長を兼任し、汪の許で日本留学経験のある唐有壬《とうゆうじん》が外交部次長に就任した。だが、塘沽停戦協定は、必ずしも国民政府による全面的な対日妥協を意味しなかった。蔣は、停戦協定翌日の六月一日、熱河作戦の教訓を総括し、華北の今後の国防計画を立案する軍部会議の開催を指示し、国民政府指導部もまた、忍耐(一〇年以内の雪辱をめざし、国家建設を確実に進める)、韜晦《とうかい》(対日宥和を外交の掩護《えんご》とし、外交を以て軍事の掩護とする)、持久、非刺激を今後の方針とした(鹿錫俊『中国国民政府の対日政策』)。

世界の沈黙

日本の国際連盟脱退と、中国の熱河敗退により、世界の関心は連盟から離れていった。三二年一一月、民主党のローズヴェルトが大統領に当選すると、アメリカは連盟と距離をとった孤立主義的な色彩を強め、恐慌克服のため保護主義的な産業貿易政策を展開してゆく。アメリカの恐慌は深刻で、三三年の国民総生産は二九年の三分の一となり、四人に一人が失業者といわれた。世論も変化した。三三年二月二三日付の『ニューヨーク・タイムズ』は、中国は連盟規約が想定しているような「国家」の定義にあてはまらないのではないか、との疑念を表明するようになっていた(ソーン『満州事変とは何だったのか』下)。

アメリカは、連盟総会の対日勧告決定後、ソ連とともに日中紛争を処理する連盟諮問委員会への参加を要請されるが、オブザーバーの立場以上の干与を頑なに拒み、ソ連もまた委員会への参加を断ったのみならず、三三年五月、中東鉄路の北支線(北鉄)を、満州国あるいは日本へ売却することを許可した。同年一二月、外務人民委員・リトヴィノフは、駐ソ大使に就任予定のアメリカの外交官・ブリットに対し「ソ連としては来春日本が戦争をしかけるに違いないと考えている」と述べていた(Haslam, *The Soviet Union and the Threat from the East*, 1933-41)。

高橋財政

三一年一二月、犬養内閣の蔵相に就任した時、高橋是清は七七歳になっていた。即日金本位制を停止し、金輸出再禁止令を出した。金流出を最小限に抑えつつ再禁止を断行し、同時に為替管理を早急に行った。高橋は、これ以降、斎藤、岡田啓介内閣においても蔵相を務める。日本経済回復のための高橋の処方箋は三つあった。

第一に、実勢を反映して下落を続ける為替相場を放任し、輸出拡大、国際収支の黒字の流れをつくった。金解禁時に一〇〇円について四九ドル二七/三二であったものが、三三年には約二五ドルまで下落した。第二に、低金利政策をとり、企業などにとっての拡張資金を得やすくし、公債の発行を容易にした。第三に、赤字国債の日銀引受発行制度により、軍事費などの財政支出を拡大した。高橋は軍事費を増やすいっぽう、農村対策費として時局匡救《きょうきゅう》事業費(具体的には、農民に現金収入の途を与えるため、農村の土木事業などを起こす。三年間で八億円ほど)を初めて計上し、また農村に対する低金利資金として八億円規模を貸し付け、金詰まり状態の打開をめざした(中村隆英『昭和経済史』)。

以上の方針を推進するにあたって高橋が留意したのは、自主統制や相互協調を中心とする修正資本主義的な考えによって危機を乗り切ろうとした財界と、密接な連係を維持することであった。また、高橋は、農村問題が党派的に解決されるのを嫌い、議会を迂回した超党派的な審議会設置により、同問題を政策的技術的に処理しようとした(松浦正孝『財界の政治経済史』)。

折からの満州国建国は、基礎的な産業や道路建設など多くの建設資材を必要とするなど、満州投資を呼び込む。当初、満州では関東軍における反資本主義的な姿勢が強く、満鉄中心、重要産業の一業一社主義を掲げたが、しだいに日産などの新興財閥をはじめ、官僚などの専門家による満州経営がなされるようになった。なお、満州国については、山室信一『キメラ 増補版』が現在、最も信頼すべき研究であるのでこちらを参照していただきたい。財政支出の拡大と輸出の増加によって、不況時に合理化による競争力を高めていた諸産業も生産量を拡大し始め、軍需産業と貿易関連産業を主導力として、日本は恐慌からの脱出に成功する。東京・大阪以外の地方における預貯金額が増大したことは、この時期、社会の上層と中間層の格差が減少していったことをうかがわせる。

財政主導で需要を拡大する場合、赤字が拡大することは高橋も自覚しており、三四〜三五年になると、歳入面で公債発行の漸減方針がとられただけでなく、歳出面でも軍事費と植民地費以外の支出に対し、まずは緊縮方針がとられた。さらに、国際収支の破綻を避けるためには、軍事費抑制が必要と判断し、軍部に対して高橋は強い態度で臨むようになった。二・二六事件で高橋が殺害された遠因もまたここに胚胎される（原朗「高橋財政と景気回復」）。

二つの外交路線

三三年一一月一七日になされた米ソ国交回復は、日本との戦争の場合を考え、ソ連側がアメリカに歩み寄った結果でもあった。中国において、蔣・汪路線に反対する人々にとって、米ソ国交回復の報は期待を抱かせた。これらの人々は国民政府（党）周辺の知識人や対日強硬派であり、胡適、孫科、宋子文などがいた。一時は汪兆銘に期待をもった胡適であったが、塘沽停戦協定以降は汪と離れ、対ソ連携強化に活路を見いだそうとした。立法院長の孫科も、日本を牽制するために米ソとの連携に期待するようになり、八月一日、心中を次のように語っている。日本が無道を行えるのは「ソ連の新しい五カ年計画がまだ完成していないことと、米国の海軍がまだ補強を終えていない」からである。よって、あと三～五年たつと日本の比率が劣勢となってしまうので、日本は対ソ対米戦に討ってでるに相違ない、その時を待てば中国にもチャンスが訪れる、との見方であった。

孫科の立場は米ソと連携しつつ日本と対抗するという方針とまとめられよう。九月二日、綿麦借款（アメリカが五〇〇〇万ドルのクレジットを中国に供与し、アメリカから綿花と小麦を購入できるようにする）を手みやげにアメリカから帰国した財政部長の宋子文も、同じ立場に立っていた。孫科や宋子文の外交路線を、ここでは連外抗日（外国と連携して日本に抗する）路線と呼んでおこう。

しかし、汪兆銘や華北の政整会の黄郛は、こうした議論に与《くみ》しなかった。汪は次のように判断していた。米ソと日本の関係が良好であれば、日中間に何事も起こらないが、「有事の場合〔日本〕は必ず先に我が国を征服する。中国に漁夫の利を許すわけがないからである」。英米ソと日本との戦いでは英米ソが勝つのは明白である。だが、中国の経済の中心はこの一〇〇年で北から南へと移動し、通商活動も海岸線に集中した。現在の戦争は経済戦争となったにもかかわらず、中国軍は自立するための経済的な裏付けをもたない。よって軍隊が海岸線に移動すれば他国の傀儡とならざるをえず、軍隊が西北地方へ移動すれば地方の盗賊となるしかない。英米ソは勝利するが、勝利までの間に中国は必ず破壊される。中国は、ソヴィエトとなるか、領地が分割されるか、国際共同管理を選択するしか道はなくなるのである。このように汪は議論を組み立てて、国を荒野にする前に日本との交渉が必要だとする。後に漢奸《かんかん》と呼ばれる汪であったが、その暗澹たる予測は真理を衝いていた。汪の路線を対日交渉路線と呼んでおく。

蔣介石は基本的には汪と同じスタンスだったが、対ソ政策については汪とはやや異なっていた。蔣はその日記に、対ソ協調には意味がある、なぜなら日本が中ソ連携を忌避するからである、「敵が恐れるものは、我々が最も歓迎すべきものであり、敵が急ぎたいものは、我々が遅

表**5-1**　1931～41年の内閣と外相

内　閣	外　相(兼任は姓のみ)
若槻礼次郎Ⅱ(1931.4.14-1931.12.13)	幣原喜重郎
犬養　毅(1931.12.13-1932.5.26)	犬養→芳沢謙吉
斎藤　実(1932.5.26-1934.7.8)	斎藤→内田康哉→広田弘毅
岡田啓介(1934.7.8-1936.3.9)	広田弘毅
広田弘毅(1936.3.9-1937.2.2)	広田→有田八郎
林銑十郎(1937.2.2-1937.6.4)	林→佐藤尚武
近衛文麿Ⅰ(1937.6.4-1939.1.5)	広田弘毅→宇垣一成→近衛→有田八郎
平沼騏一郎(1939.1.5-1939.8.30)	有田八郎
阿部信行(1939.8.30-1940.1.16)	阿部→野村吉三郎
米内光政(1940.1.16-1940.7.22)	有田八郎
近衛文麿Ⅱ(1940.7.22-1941.7.18)	松岡洋右

延すべきものである」(三四年一月四日)と記した。国民政府の外交は、日本陸軍の華北分離工作が本格化する三五年までは、汪に代表される対日交渉路線を主流とし、水面下に、孫科に代表される連外抗日路線があったとまとめられよう(鹿錫俊「「連ソ」問題を巡る国民政府の路線対立と「二重外交」」)。

広田と重光

日本側にも凪《なぎ》のような時間が流れはじめた。三三年九月一四日、外相は内田から広田弘毅に代わった。広田は斎藤内閣に続き岡田内閣でも外相を務めた(表5－1)。広田が外相となると、極東国際秩序の再編が日本に有利に展開しだした。ローズヴェルト政権が誕生し、外交評論家の清沢洌《きよし》でさえ「法律要解に洋服でも着せたような男」と評したスティムソン国務長官は退陣した。イギリスにおいても、チェンバレン蔵相主導による対日宥和工作が考慮されはじめた。中国においても、対日交渉路線のもとで、排日、排日貨運動の自制、改訂関税、華北諸懸案の解決が図られようとしていた。

広田外交を支えていたのは重光葵《まもる》次官であった。次官としての重光の在任期間は、三三年五月から三六年四月までの長きにわたる。欧州の連盟とは異なる地域秩序が極東には必要だと重光は考えていた。「米国の如きは、欧州の国際関係に適合する国際連盟規約の如きは、言わば、後れたる国際関係を律するに適合せずとの意味により「モンロー」主義の除外を求めたるものにして、更に遥かに後れたる国際関係に立てる極東の状態は、今遽《にわか》に欧州並の理想的平和条約若くは組織に適合せしむるには不適当の状態なり」（「軍縮会議関係」三三年九月）。中南米の安全保障に任ずるアメリカは、同地域に連盟秩序を適用するのは無理だと判断したからこそモンロー主義による除外を求めたといえる。より遅れた地域であるはずの極東においては、なお例外が認められるべきだ、との考えに立っていた（酒井哲哉『大正デモクラシー体制の崩壊』）。

五相会議

三三年一〇月三日から五回にわたって審議された五相会議（首・蔵・陸・海・外の五相）では、①満州国の健全な育成と東洋平和の確保、②三五年前後における「国際的紛糾」を未然に防止するため、主要列国、特に中国・ソ連・米国との親善関係の確立、の二点が決定された。②の説明部分では、今後、中ソ米の三国が国際会議などで「連結」して日本に当たってくると予想されるので、外交工作によって可能なかぎり多数の国を日本側に引き付ける必要があると述べられていた。

対中外交の目標は、反日政策の放棄、排日運動の根絶に置かれている。対米外交としては、三五年に予定されている軍縮会議に向けた外交準備を行い、アメリカの対極東政策を可能なかぎり変えるとして、特使派遣に触れていた。対ソ外交は、日本の国体と建国の精神がソ連のそれと著しく異なるとして不可侵条約などの可能性を否定しつつ、具体的な懸案解決、すなわち、北鉄買収、北樺太の石油利権、漁業交渉などに取り組むべきであるとした。アメリカとソ連、それぞれに手を打つ広田外交の最終目標が、中国側の連外抗日路線を無力化する狙いにあったのは確かだろう。この時期、目には見えないものの、対日交渉派を二国間交渉に誘導したい日本と、連ソ連米により対日牽制を図ろうとする中国の間では、水面下での攻防が繰り広げられていた。さらにこの時期、日中のみならず列国もまた自国に有利な連合形成と列国の分断を目標とする外交を積極的に展開していた（森茂樹「大陸政策と日米開戦」）。

対ソ戦備

広田の対米工作を最も熱心に支持していた勢力に陸軍があった。対米接近を図らせたのは、対ソ戦備の遅れの自覚からきていた。第二次五カ年計画に着手したソ連は三三年夏以降、満ソ国境全線にわたり堅固なコンクリート築城地帯を建設し始めていた。三四年夏の時点で、極東ソ連軍は約二三万に増強されていたという。対する関東軍は三個師団、機械化一個旅団、三個独立守備隊など約五万であった。

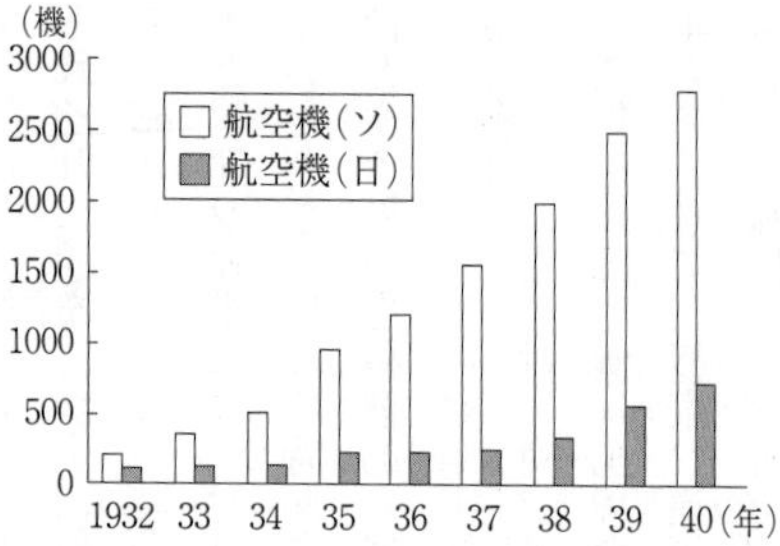

図5-2　日ソの兵力格差(航空機)(防衛庁防衛研修所戦史室編『戦史叢書　大本営陸軍部』(1),朝雲新聞社,1967年などから作成)

三三年九月二九日、鈴木率道《よりみち》参謀本部作戦課長は、対ソ作戦に対して「必勝の信念立ち難し」との見込みを陸軍省軍務局新聞班長の鈴木貞一に打ち明けている。理由は航空兵力の劣勢であり、日本側はソ連の極東配備数の三七%(同年一二月)しかなかった。一二月一三日付で、ソ連大使館付武官・河辺虎四郎は参謀次長に宛て、「今やソ邦の軍備が恰《あたか》も満洲又は帝国本土を脅威するの大勢を示すに至」ったと報告していた。こうした日ソの情勢に関して、イギリス外務省は、当面は日ソ間で牽制させあっておくのが好都合だと冷ややかに評していた(益田実「極東におけるイギリスの宥和外交」(一)(二))。

関東軍は、従来のような満州国内の「匪賊・不逞分子」に対する分散型治安維持では不十分だとして、三四年四月以降、ソ連軍対応の集団防衛型配置をとることとした。諜報活動もそれに応じて変更し、満州国の治安回復第一主義から、対ソ諜報に重点が移された。

日本の対米接近

三三年六月から七月のロンドン世界経済会議には、世界の六六カ国が参加した。むろん日本も参加した。イギリスは、第一次世界大戦の戦債問題の処理、金本位復帰への条件整備、軍縮問題の解決を、この会議において図ろうとしていた。

しかし、恐慌の底にあったアメリカでは、経済ナショナリストの勢力がフーバー政権時代よりも強くなっていた。ローズヴェルト大統領は、アメリカ全権となったハル国務長官に対し、戦債と軍縮を会議で論じないよう訓令したほどである。戦債を論じれば欧州諸国がアメリカに債務帳消しを求めるのは必定であり、軍縮を論じればアメリカが失業者の雇用と産業復興を名目に、海軍軍縮を取りやめた事実をイギリスに批判されると予想された。アメリカが最も警戒していたのは、フランス、イタリア、スイス、ベルギーなどの金本位諸国提案による、通貨安定のための共同声明(六月三〇日)が会議を通過することであった。

ローズヴェルトは、七月三日、共同声明を批判し、短期間だけ二、三の大国(仏など金本位国を指す)の通貨を人為的に安定させることは意味がないとして、為替安定による通商拡大ではなく、通商・貿易の障壁を除去する方向で努力すべきだと声明し、会議を自然休会に追い込んだ。英米対立が深まるなか、日本は明確にアメリカの立場を支持した。休会前の議場でハルが、後に互恵通商協定法として結実する世界貿易復活プランの概要(貿易障壁の除去、関税率引下げのための二国間協議の開始)を述べた時、日本はカナダなどとともに米国案を支持した。

会議が開催された頃の日本は、綿製品のめざましい輸出に代表されるように、英帝国植民地向けの綿布輸出問題でイギリスとの関係を悪化させていた。また通商障壁の撤廃を論じ為替安定にふれないアメリカの態度は、高橋財政下の日本に適合的であった。アメリカもまた、農村を中心とした負債軽減を図るため国内物価の上昇をめざし、ドルを約四割切り下げ、管理通貨制に移行していた(三四年、金準備法)。この所作には、ポンドに対抗してドルを基軸通貨化する意図も秘められていた。自国の国内物価の安定を、為替相場安定に優先させたアメリカの政策は、イギリスの反発を招くことになる。

このような前提をふまえ、欧米局長・東郷茂徳《しげのり》の「帝国の対欧米外交方針」に基づいた、対米接近が図られた。東郷は当時の対米関係を、緊張関係にあるとみており、どうにかしてアメリカに極東政策を「再考」させられないかと苦慮していた。三四年六月一二日、互恵通商協定法(大統領は最大限五割まで現行税率を増減し、三カ年と期限を限った二国間協定を締結できる)が成立すると、六月二一日、斎藤博駐米大使はハルを訪問して、アメリカの保護主義的な産業復興法、農業調整法の規定による輸入防遏《ぼうあつ》措置が、互恵通商協定法によって見直されるはずであるとの見通しを確認していた。事実、従来はダンピングであるとして不当廉売防止法違反などによる調査や報復関税を課せられていた日本品への圧力は、三四年頃からはなくなっていった。

斎藤は全米各地で講演し、日本の輸出品が不正競争によるものではないと聴衆の啓蒙に努めた。斎藤の講演を筆記した『日本の政策と使命』(三五年)に対する、太平洋問題調査会系の雑誌『パシフィック・アフェアーズ』の書評には、次のような一節があった。「日本の、広範囲にわたるめざましい成功は、日本の競争者がいまだ到達していない経済水準で消費者市場を開発していくことによる。エネルギッシュで、熟練しており、世界を舞台に活躍できる日本の通商にとって、政治的保護下での経済成長という側面は重要ではないかもしれないのである」。国務省も、三五年九月の時点で、日本の輸出が成功した理由を、ダンピングや輸出奨励金ではなく、円切下げ、効率のよいマーケティング、生産の合理化によるものだと冷静に結論づけていた（加藤陽子『模索する一九三〇年代』）。

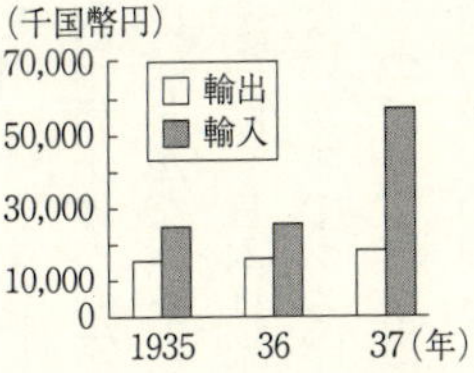

図 5-3　満州国の対米貿易

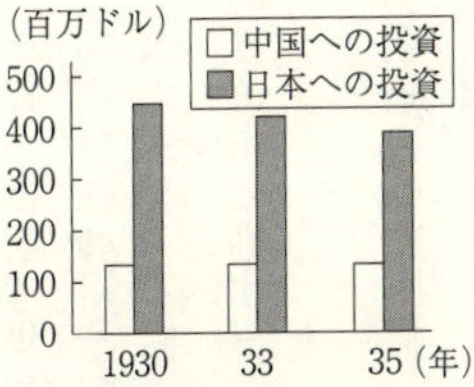

図 5-4　米国の投資市場としての中国・日本（2つの図はともに，加藤陽子『模索する一九三〇年代』，山川出版社，1993年，24頁より作成）

中国の対ソ接近

中国は、汪兆銘のラインで日本側と交渉を続けるいっぽう、蒋介石のラインでソ連との協議を開始した。三四年一月二七日、蒋は駐華ソ連大使と会談し、ソ連が中国接近を図りたがっていることを察知した。それを受けて蒋は、七月一三日に廬山で開かれた秘密会議において「日中紛争は単に日中両国だけの問題ではなく、太平洋の問題及び世界の問題でもある」から「日本の対中侵略の継続は必然的に列国の干渉を招く」と演説した。日中紛争は必ず世界戦争となる、と説いたのである。蒋の見方によれば、列国の干渉が必至である理由は二つ。一つは、侵略の過程で日本は列国の在華権益を侵害せずにはおかないからである。二つは、日本の目的は東洋の盟主、太平洋の覇権を握ることにある。その際、日本は米ソとの戦争を準備するために、まず中国を征服してそこを足場とせざるをえないからである。

つまり、日本の最大の弱点は国際関係にありと蒋は考えた。このような立場からすれば、中国の最大の利点もまた国際関係にありと結論づけられるだろう。蒋は汪の対日交渉を認めながらも、それが失敗した時の方策として対ソ外交にも賭けていた。三四年一〇月、蒋は外交アドバイザーとして信頼してきた清華大学教授・蒋廷黻《しょうていふつ》を学術調査の名目で訪ソさせる。

蒋介石の対日持久戦計画は、第一段階において、上海・南京・武漢という、長江流域での戦闘を行い、列強の対日武力制裁や対日干渉戦争を引き出すというものであった。それが無理であれば、第二段階として、雲南省や四川省などの奥地経済を開発して長期持久戦を戦い、最終的には日中戦争に起因する世界戦争によって日本を敗北させる、との方針を立てていた。

外務省の路線

蒋の対ソ接近が開始された三四年一〇月という時期は注目される。この時、蒋は第五次剿共戦を成功させ、その結果、中国共産党と紅軍は瑞金を脱出し長征の途につかざるをえなくなった。同時期、重光もまた抜本的内容を含む対中外交方針「対支政策に関する重光次官口授」をまとめた。日中双方の外交が動き出したといえるだろう。

重光の政策は二つの柱からなる。第一には、欧米の影響力を中国から「駆逐」すること。第二には、日中間の宥和提携をめざすこと。ソ連と中国が交渉の道を開き、ソ連を媒介として国民政府(党)と中国共産党の統一戦線が形成されてゆく、大きな歴史の流れが、この時期展望された。歴史的にみれば重光プランは、このような流れに対抗すべく構想されたといえる。連外抗日派と、欧米そのものを駆逐するため重光は、イギリスに主導された海関制度を中国に返還すべきだとし、日本を含めた列国の支那駐屯軍や艦隊の撤去と縮小を謳った。「我方としては既に長城附近満洲国領に日本軍の駐屯せる今日、我が北支駐屯軍の引揚により格別の不利損失を蒙ること無かるべく」と重光は大胆にも述べて、北清事変を契機として駐屯が認められた列国の支那駐屯軍の撤退構想を掲げた。

また、日中提携を推進するため、日本が率先して租界を解体し、治外法権撤廃を図るべきだとした。列国に比べ長城以南に利権を持たない日本が主導し、主にイギリスの犠牲において、中国の不平等条約を支えてきた機構を解体しようというプランであった。外務省主導により陸軍の華北分離への誘因を封じようとする重光の努力は、汪兆銘の方針と一致したこともあり、一定の効果を上げた。日本商工会議所は「本年度は日支関係が(中略)用心深く現実政策を遂行し、以前の如く旺んな排日運動の声をほとんど聞かなかった」との評価を与えた。

しかし重光構想は、どうしても反英的色彩を帯びる。広田と重光のコンビは、三五年前半、イギリス大蔵省がイギリス外務省の反対を押し切って派遣した対中国共同借款提案を含むリース・ロス・ミッションの重要性を見逃すという失態をおかした。同ミッションは満州国承認を含む、広範な対日宥和の権限を本国から与えられていたのであった。

華北情勢

塘沽停戦協定にともない、三三年六月一七日に設置された政整会は、行政院の華北出先機関であった。管轄区域は、河北、山東、山西、察哈爾、綏遠《すいえん》の五省と、北平、青島《チンタオ》の二市。政整会の委員としては、于学忠《うがくちゅう》(河北)、韓復榘《かんふくく》(山東)、宋哲元《そうてつげん》(察哈爾)など、地方実力者が網羅されていた。しかし実際にこうした人々は名目的な役割を負わされたにすぎず、実権は国民政府の黄郛が握り、その下で殷同《いんどう》・殷汝耕《いんじょこう》など文官側近集団が執行した。張学良時代の北平政務委員会、あるいは後の冀察《きさつ》政務委員会と比較すると、国民政府によって完全に主導されていた点に特徴があった。

政整会は、非武装地帯=戦区の接収にあたり、華北の地方実力者の支持勢力基盤であった軍隊の兵員と軍事費の削減を熱心に進めた。それまで国民政府の影響力の及ばなかった華北の軍事的再編が、日本軍と対峙する情勢下に初めてなされようとしていた。三三年九月一二日、共に浙江人である黄郛と王克敏《おうこくびん》は、華北財政を国民政府財政部の直接処理とする旨を決定している。それにともない東北系政客が華北の主要なポストから排除された。皮肉にも塘沽停戦協定は、華北の財政・行政の中央化を促進させたといえるだろう。しかしこうした事態の進展を黙過する関東軍ではなく、三五年に入って動きをみせる。

分離が必要な理由

陸軍、殊に関東軍が満州国の独立国家化で終わらせず、華北を国民政府の影響下から分離させようと図ったのは、二つの理由からであった。一つは、ソ連に対する警戒感の強まりからである。ソ連は三五年、ウラジオストックにTB3型重爆撃機を配備する。関東軍の対ソ戦計画の概要は、ソ連との開戦にあたり、開戦時、ソ連軍が動員できる最大二五万人に対抗しうるだけの兵力(やむをえない場合は三分の二の兵力)を満州国内に常駐させ、一挙に進撃し決戦を図るものであった。開戦当初、ウラジオストック附近の飛行場、潜水艦に対し空襲を加えた後、二手に分かれ、①東部ではソ連東部国境で従来装備の歩兵を基幹とする部隊による戦闘、②西部では内蒙古からモンゴル人民共和国の庫倫《クーロン》(ウランバートル)へと通じる線において、機械化部隊を使用した戦闘、をそれぞれ想定していた。

そうであれば、察哈爾省や山西省など、内蒙古からモンゴルへ通ずる地域が重要となってくる。想定される対ソ戦争に際して「側背の安全化」が是非とも必要とされたのであった。三五年六月二七日、関東軍特務機関員が宋哲元軍に逮捕された察哈爾事件の責任をとらえて、日本は土肥原・秦徳純《しんとくじゅん》「協定」の締結に成功する。通常これは協定と呼ばれるが、中国側は日本側の要求をすべて承諾した旨を書いただけの文章を日本に与えたにすぎず、正式の協定文は存在しない。この時、日本によって察哈爾を追われた軍が第二九軍であり、同軍は北平周辺に移駐して、後の盧溝橋事件の一方の当事者となってゆく。

土肥原・秦徳純協定により、日本は察哈爾省内の国民党軍を撤退させることに成功し、同地への日本軍の飛行場設置も可能となった。以上は対ソ戦のための華北分離といえるだろう。三六年三月時点において、関東軍参謀部第一課長(作戦)であった坂西一良《かずよし》が海軍側に語ったところによれば、関東軍は、兵力を北満に充実させ、外蒙工作と山西省の中国共産軍の撃破によって、戦争に至らずして対ソ戦を防止できると考えていた。華北分離の意図も、関東軍の主観においてはそこにあり、「北支五省を南京政府の権外に離脱せしめ満支間の緩衝地帯となし、対ソ戦に際し側方の脅威を除」かんとするだけであるとされていた(第三艦隊司令長官「支那を中心とする国策に関する所見」)。

二つ目の理由

華北分離工作が始まる二つ目の理由は関東軍ではなく、支那駐屯軍にからむものであった。三四年になると、黄郛率いる政整会は、非武装地帯の武装解除の進展が図られたのを契機に、塘沽停戦協定の取消しを求め、外交一元化のために今後は地方外交ではなく、日本と中国の政府間交渉に移してはどうかと提案した。正当な主張であろう。蔣も、三四年秋、西北・華北に続き、察哈爾・綏遠など内蒙古をも視察し、地方有力者のほか、徳王らモンゴル族指導者とも会見を遂げていた。こうした視察は、西北、華北を国民政府の直轄とするための準備工作とみられた(安井三吉『柳条湖事件から盧溝橋事件へ』)。

こうした動きに対抗するため、三四年一〇月二三日、支那駐屯軍参謀長・酒井隆は、満鉄総務部長・石本憲治に宛てて、華北経済調査を依頼した。日本の「対支経済的発展の助長」と「戦時我国国防不足資源の充足」のためであった。日満北支経済ブロックという呼称は塘沽停戦協定以降使用されるようになっていた(内田尚孝『華北事変の研究』)。

陸海外三省の課長もまた、華北を国民政府から分離させる方針を選びとってゆく。こうした傾向を助長した背景の一つに陸軍皇道派の後退があげられよう。三四年一月二三日、病気で辞任した荒木陸相に代わり、後任陸相には林銑十郎が就いた。三月五日には、陸軍省軍務局長に永田鉄山が就任している。同じ三月、支那駐屯軍司令部が「北支那占領地統治計画」(三三年九月段階では参謀本部第二部「支那占領地統治綱領案」)を策定したのは、永田就任と無関係ではあるまい。計画書策定には、三三年八月まで参謀本部第二部長であった永田と、三四年八月まで支那課長であった酒井隆が干与していた(永井和『日中戦争から世界戦争へ』)。

穏健な対中政策をとっていた皇道派が中央から一掃された影響には大きなものがあった。三四年一二月七日、陸海外三省関係課長は「対支政策に関する件」を決定する。その中で「対南京政府方策」として注目されるのは、排日に関して華北における国民党部の活動を停止させるとの要求項目が入った点だろう。「対北支政権方策」の項目には、華北が国民政府の政令の及ばない地域であってほしいが、いまだ日本の実力が足りないので、漸進的な実現をめざし、積極的に地方政権の発生を助長はしない、との記述もみえる。いずれにせよ華北における「党部の活動を事実上封ぜしめ」る点が、国民政府への要求項目として入ってきていることに注目したい。

呼応する北方人

さまざまな理由(張学良との距離感、日本との親近性、清朝との親近性など)から、満州国の建国に参加した、満州族、蒙古族、朝鮮族を含めた多くの中国人がいたように、日本の華北分離工作に積極的に呼応する中国人もいた。河北省出身で、北伐前まで呉《ご》佩孚《はいふ》の幕僚を務めていた白堅武という人物は、これまでの研究では、日本の特務機関の手先となって武装集団を華北で率いた漢奸であると切り捨てられてきた。しかし、最近進んだその日記の分析によれば、白堅武には、生粋の北方人意識というべきものに裏打ちされた、国民党・国民政府から距離をおいた華北統治観があったことがわかってきた。白には、連盟に提訴するだけで東北、華北のために何もしなかった国民政府の方針への強い批判があったのである(光田剛「「白堅武日記」に見る九・一八事変」)。

分離工作の経済的側面

三五年五月、支那駐屯軍は、非武装地帯の境界である長城線を突破した。理由の一つは、天津租界内での親日満系中国新聞社社長の暗殺にあった。日本側はこの事件を奇貨とし、河北省から、国民党機関・中央軍・東北軍を撤退させるよう国民政府に要求し、六月一〇日、梅津・何応欽「協定」が締結された。これも通常は協定と呼ばれるが実態は異なる。日本側要求をすべて承諾するとした何応欽の「通知書」にすぎず、協定文があるわけではない。また、支那駐屯軍の要求も参謀長の酒井隆が関東軍の支持を受けながら独断的に行ったものであり、交渉は梅津美治郎《よしじろう》司令官の承諾をとらずになされたことがわかっている（松崎昭一「再考「梅津・何応欽協定」」）。先に述べた六月二七日の土肥原・秦徳純協定と合わせ、陸軍による華北分離工作がここに明確なかたちをとって現れたといえるだろう。

経済的な要因についても述べたい。イギリス大蔵省の派遣したリース・ロスが干与した中国幣制改革の進展は日本側を焦慮させた。イギリスは六月上旬、リース・ロスを駐華英国大使館経済顧問に任命し、九月上旬、広田、重光と会談させた。ここでリース・ロスは、中国に有力な中央銀行を興して通貨発行権を独占し、通貨はポンドにリンクして銀本位から離脱させるいっぽうで、中国は満州国を承認し、満州国は中国の負債中の適当な割合を分担するとの案を提示するが、日本外務省はこの案に乗らなかった。

一一月四日、中国は幣制改革を断行し、管理通貨制へ移行した。華北地域の有する現銀は国民政府のもとへ南送されることとなった。日本側は、現銀南送によって華北経済の自治的側面が損なわれると判断し、日系六銀行は手持ちの銀引渡しを拒否することに決した。

一一月二五日、日本は、戦区督察専員・殷汝耕に、国民政府から離脱するという自治宣言を出させ、冀東《きとう》防共自治委員会を成立させた(一一月二五日、同委員会を政府と改称)。管轄地域は停戦協定区域で、河北省の二二県と察哈爾省東部の三県にあたっており、満州と華北の回廊地帯であるといえた。日本側はこの傀儡政権を通じて、日本商品に対する関税を四分の一に下げさせ、塘沽停戦協定以降活発になっていた冀東密貿易も公然とバックアップした。

近衛新体制期に大蔵省の革新官僚として名をはせる毛里英於菟《ひでおと》は、満州国の会計や税収を管掌する部署にいたが、三五年時点では、支那駐屯軍特務部の嘱託として勤務していた。毛里は、華北分離工作が動き出した後の華北における産業別政策を立案していた。内部向けに書かれた極秘書類にみえる、華北と国民政府との関係についての見方は興味深い。たとえば、農業政策の方針は、「南京政府の植民地的搾取の重圧下に窮乏化の一路を辿りつつある北支経済」を独自の立場に立たせ、日満両国と華北を合わせて、「一体的経済域」とした共存共栄関係に置くこととされている。国民政府による中央化を「植民地的搾取」とみなす感覚は、たしかに外務次官の重光の「倒錯した反帝国主義」的性格に相通ずるものがある。

満州国創出と華北分離工作の進展は、まず日本と華北地域の貿易関係を飛躍的に高めた。日本の全帝国圏(日本、台湾、朝鮮、満州)と華北地域との貿易は、その対関内(中国から満州地域を除いた)貿易に対して、三三年には八・六%にすぎなかったが、三八年には六一・二%に急増した。これに、二割から三割に達していたといわれる冀東密貿易を加えれば、日本と華北の関係はより大きなものとなるだろう（堀和生「日本帝国の膨張と植民地工業化」）。

ついで、満州国創出と華北分離工作が中国国内に与えた影響をみる。それは、華中の産業が満州地域という巨大な市場を失ったことを意味していた。堀和生の分析から、満州の対中国関内地域別貿易比率をみておこう。三〇年において、満州と華北間の輸移出入額の全体に占める比率は一五％であり、同時期、満州と華中間のそれの六〇％に比べ、はるかに少なかった。それが、三五年になると、満州・華北間の比率は五一％に増大し、満州・華中間の比率三三％を上まわることとなった（堀和生「一九三〇年代の日中経済関係」）。

残光の中の友好

帝人事件で退いた斎藤内閣にかわり、三四年七月八日、岡田啓介内閣が成立した。岡田は、政友会から三名（農林、鉄道、逓信）、民政党から二名（文部、商工）の閣僚を選び、政党出身閣僚のポストの数は前内閣と同じであった。蔵相ポストは当初、高橋の推薦で、大蔵次官であった藤井真信《さだのぶ》が就任するも一一月辞任、高橋是清が蔵相に復帰した。内閣の基盤強化のために設置された内閣審議会の人選もまた高橋の強い影響下でなされ、財界代表として池田成彬《しげあき》（三井合名常務理事）と各務鎌吉《かがみけんきち》（東京海上会長）が加わったのは注目される（松浦正孝『財界の政治経済史』）。

新内閣において、外相に留任した広田が三五年一月二二日に行った議会演説は、中国側に好感をもって迎えられた。蔣介石は二月一日、広田演説に呼応して、日本との善隣友好を謳う声明を発表した。中央政治会議において、汪兆銘と蔣介石が連名で提案した排日禁止令が可決され、三月四日、公布された。五月、日中両国は公使から大使への同時昇格を行った。

このような外務省の努力は、同年六月から活性化した、関東軍と支那駐屯軍による華北分離工作を抑止しようとする最後の試みであったといえる。一〇月七日、広田外相が蔣作賓駐日大使に伝えた、排日停止、満州国承認、共同防共からなる広田三原則は、日本の陸軍に向かっては、華北をふみにじってはソ連戦も危うくなると自重を説き、中国に対しては、ソ連に対する日中共同防共を説き、華北の日本軍の要望を容れるのは中国自身のためになる、と説得する、両面的な役割を果たしていた。端的にいえば、三原則を国民政府に認めさせるかたちをとって、陸軍の華北分離工作を阻止しようとするものといえた。

しかし、三五年一一月に断行された幣制改革の成功は、孔祥熙《こうしょうき》財政部長ら連外抗日派の勢力を強めたろう。一一月一日に暗殺未遂事件に遭遇した汪兆銘は、一二月一日、行政院長と外交部長を辞任し、行政院長には蔣が就任し、外交部長には張羣《ちょうぐん》が任命され、対日交渉派は後退を余儀なくされた。一二月一八日、中国側は日本側の傀儡政権である冀東政権から北平・天津を防衛する必要もあり、冀察政務委員会を成立させた。同委員会は一七人から構成され、宋哲元、張自忠(天津市長)、秦徳純(北平市長)など第二九軍関係の実力者が加わっていた。一七人の内訳をみれば、一〇人は抗日の実力者に分類すべき人々であり、知日派は王克敏ら七人に止まった。国民政府と太いパイプを持っていた政整会に比べ基盤の脆弱な冀察政務委員会が、有効な対策をとりうる可能性はなかった。一二月、汪の許で対日交渉に任じてきた唐有壬が、学生に射殺されるという事件が起きたことで、対日交渉派は瓦解する。蔣も方針転換を迫られ、中国共産党との関係改善をも模索し始めた。三六年一月、蔣の意を受けた駐ソ中国公使館付武官は、モスクワで中国共産党代表団の王明らと接触を開始した。

華北分離工作は、日本側に何をもたらしたか。それは、国民政府の信頼篤い黄郛を退陣に追い込み、黄郛の政整会、何応欽の軍事委員会北平分会という南京直系の支配の代わりに、共産・抗日的色彩の強い第二九軍(宋哲元軍)を北平へと呼び込むことであった。

2　二つの事件

二・二六事件

三六年二月二六日早朝、磯部浅一《あさいち》、栗原安秀《やすひで》ら青年将校に率いられた、第一師団の歩兵第一・第三連隊を主力とする一四〇〇名余の軍隊は、首都東京でクーデターを起こした。蹶起《けっき》部隊は、斎藤内大臣、高橋蔵相、渡辺錠太郎《じょうたろう》教育総監を殺害し、鈴木侍従長、牧野前内大臣を襲撃した上、四日間にわたり、警視庁・陸相官邸・陸軍省・参謀本部などを占拠した。

図 **5-5**　国会議事堂前に配備された鎮圧軍の戦車(©毎日)

反乱軍はその蹶起趣意書には君側の奸臣《かんしん》・軍賊の排除を謳うだけだったが、裏面には岡田内閣を倒し、後継首班奏薦に与《あずか》る宮中側近を排除した上で、皇道派に同情的な軍事参議官の働きによって皇道派の暫定内閣を樹立する計画があった。軍隊を出動させながら目標は曖昧という蹶起将校の矛盾した行動を理解するには、彼らの中に、斬奸に目的をおく天皇主義派と、上部工作を通じた政治変革の計画を有していた磯部・栗原など改造主義派の二派があったことに気づく必要がある(筒井清忠『昭和期日本の構造』)。

なぜこの時期になされたのだろうか。あるいは暫定内閣樹立後、彼らにはいかなる計画があったのだろうか。三六年二月二〇日の総選挙との関係を示唆する見解がある。解散時から票を減らしたのは、政友会(二四二→一七一)と国民同盟(二〇→一五)であり、逆に増やしたのは民政党(一二七→二〇五)と社会大衆党(五→一八)であった(全議席は四六六)。開票の時点まで待たずとも、民政党と社大党の勝利は予想されただろう。皇道派にとってこの二党の勝利は、彼らに弾圧を加えてきた統制派・新官僚・既成エリートの側の勝利にほかならず、政党内閣の復活もありうると予想された(坂野潤治『昭和史の決定的瞬間』)。

内憂外患と安内攘外

元陸軍法務官・匂坂春平《さきさかしゅんぺい》（東京陸軍軍法会議主席検察官）の遺した二・二六関係史料からは、また別の側面がみえてくる。陸軍中央が青年将校運動を沈静化させるため、皇道派の影響力の強かった第一師団の満州移駐を決定したために、追いつめられたと感じた青年将校の焦慮から、二・二六事件は起こされたと従来は説明されてきた。しかし、青年将校や下士官兵の主観的認識においては、内憂外患の時にあって、外患にあたる前に内憂に始末をつける必要があると考えられていた点に注意したい。

二月二八日、山王ホテル前に集まった数百名の群衆に向かい、第三連隊第六中隊（安藤輝三指揮）に属する、ある伍長が次のように演説していたことが匂坂史料からわかる。彼は「我が国の現状は財閥、官僚、軍閥、重臣等が己の私利私慾の為、軍隊を自分等の意の儘に動かしつつあり、皇軍を私兵化しつつあり。我第一師団には本月二十日満洲出征の命令降下せるも、此等内敵を此の儘にして出征すること能わず、先ず国賊を斃《たお》して後血の滴《したた》る軍刀を提げて満洲の野」に渡る決心だ、と演説していた。演説の間、聴衆の大半は帽子をとって謹聴していたという。同じく第六中隊のある兵は、最期を自覚し郷土の村役場に宛てた通信において、やや乱れた文面ではあるが「今現日本の姿が、外国との諸問題解決の出征に先立って顧るに、真日本の姿を点検せずして何で出征、否《いな》外国を相手に折衝が出来ようか」と書いていた（『検察秘録二・二六事件Ⅰ』）。

このような感覚は、実のところ、三七年九月の第二次国共合作前までの中国青年の抱いたジレンマに近かったのではなかったか。中国共産党は、国民政府の唱える安内攘外策が、結局は民族同士による殺し合いでしかなく、日本を利するだけだとして、国共内戦の終結、即時抗日を唱えていた。国民政府中央軍が抗日戦争を戦っている間、共産党が国内で組織拡大を図るであろうことは、国民政府や知識人にはわかっていただろう。しかし、それでもなお、共産党の主張は国民、殊に青年たちの支持を集めたと思われる。日本の青年将校はまず内憂を排除せよと迫り、中国の青年はまず外患を排除せよと迫る。方向は逆であったが、三六年は、日中両国において、軍隊を出動させたクーデターが共に演じられた時期にあたっていた。

ゾルゲの分析

ソ連の赤軍第四部に属していた諜報員のゾルゲは、日本の参謀本部のすぐ裏手にあったドイツ大使館から事件をみていた。二・二六事件が起こされた理由をゾルゲは、日本の農民と都市小市民の社会的窮境に求めていた。兵士の重要な供給源である農民は「政治組織をもたず、農民にたいする二大政党の関心が形式的にすぎない以上、まず第一に陸軍が農村と都市のこれらの層の強まる緊張の代弁者と機関たらざるをえない」(「東京における陸軍の反乱」『地政学雑誌』三六年五月号)のであった。

ゾルゲは、ドイツで着手されたような、利子引下げによる農民負債の軽減や、自作農増加のための政策が日本ではまったく採用されない点に言及し、陸軍が「この問題の重要性を見ているだけでなく、農業問題を（中略）実践的にそれに取掛かる必要があることを、少なくともそれが理論的に可能なことを知っているほとんど唯一の集団」（「日本の農業問題」『地政学雑誌』三七年一月号）である点に注意を喚起していた。議会に代弁者をもたない農民や都市商工業者の社会変革要求を、陸軍が代弁している特殊日本的な構造に、ゾルゲは着目していた。

筒井清忠が改造主義派と命名した磯部浅一もまた、二・二六事件裁判の公判で、北一輝《きたいっき》『日本改造法案大綱』の何に感動したかと問われて、「日本の国体に合した所の日本精神を具体化した経済機構が説かれていたからであります」と答えていた。改造主義派の青年将校が、反資本主義的な経済改革構想に最も注意を払っていた事実は興味深い（『二・二六事件裁判記録』）。

西安事件

事実、同時代の中国においても、二・二六事件は注目され、青年将校の不満から同じことが起きるのではないかと懸念されていた。場所は陝西省西安であり、この場合の青年将校とは、張学良率いる東北軍の若手であった。三六年一二月八日、陝西省主席邵《しょう》力子《りきし》は、第一七路軍の軍長・楊虎城《ようこじょう》（張学良と共に西安事件を起こした人物）に向かい「私は当面の剿共の形勢については心配していない」が「日本の二・二六事件のような事件が起きはしないか心配している」と述べた。一瞬、蔣介石への兵諫《へいかん》計画が省主席に漏れたと誤解した楊は、驚きのあまり、手から煙草を取り落とす一幕もあった（岸田五郎『張学良はなぜ西安事変に走ったか』）。しかし、邵が懸念していた「事件」は西安事件ではなく、「抗日」を要求し「剿共」中止を呼号する東北軍の青年将校によって東北軍上層部が襲撃される可能性の方であった。

三六年七月二三日、コミンテルン執行委員会書記局において中国問題会議が開かれ、ディミトロフは次のように演説した。中国共産党の基本的任務は日本の満州・華北への侵略に対して団結して抵抗することであり、従来の「南京、蔣介石、国民党に対する政治的方針」は誤っていたとして、国民党と統一戦線を結成するよう促した。同年八月一五日、上記方針は中国共産党中央書記局に伝えられ、蔣介石を日本の侵略者と同列にみるのは正しくないこと、即時対日宣戦のスローガンを下ろし、防衛戦争であるとアピールすること、蔣とただちに停戦交渉に入るべきことを指示した(土田哲夫「コミンテルンと中国革命」)。

しかし、連蔣抗日というコミンテルンの指示そのままに、ただちに共産党が動いたわけではない。共産党との下協議を行ういっぽう、共産軍に対する軍事的圧迫の手を緩めぬ蔣に対し、共産党の側も反蔣の旗を降ろすわけにはいかなかった。毛沢東らは、蔣から紅軍討伐を命ぜられていた楊虎城の西北軍(第一七路軍)、張学良(この時、西北剿共副司令)の東北軍の懐柔に努め、軍費問題から蔣へ強い不満を持っていた西北・東北両軍と紅軍との間に相互不可侵関係を築いていた。その上で、蔣に迫って、一致抗日を説くかまえであった。

西安における西北軍・東北軍・紅軍の提携を知った蔣は一二月四日、張と楊に共産党殲滅作戦の実行を命じた。張は殲滅作戦の停止と一致抗日を蔣に説くが容れられず、ここに、一二月一二日、張と楊が蔣と随行者を監禁するという西安事件が起こった。張学良が選択した蔣介石監禁という最終手段は、張独自の行動であったろう。しかしその背景に、西安における三軍の提携のあったことは事実であった。毛沢東は事件勃発直後、蔣を人民裁判にかけ、共産党、張学良、楊虎城の三勢力を中心とした抗日路線を説くが、周恩来は蔣を失えば内戦は必至であり、その間、日本が南京に傀儡政権を樹立するのは必定だとの見通しを説いて止めた。

コミンテルンは毛沢東路線に強く反発し、事件は統一戦線の破壊にほかならないとして、蔣の解放を求めた。こうしたコミンテルンの立場のほか、中国各地の地方実力者、各界からの内戦回避を望む輿論の力は大きく、中国共産党も一二月一九日、人民裁判路線を変更し、平和解決路線を選択せざるをえなくなった。政府内外の評価、新聞の論調などを総合した結果、蔣を解放しなければ中国は「スペインの二の舞」になる、との判断があったように思われる。

尾崎の分析

国共内戦は停止され、共産党は合法的な地位を獲得し、紅軍は八路軍・新四軍に改編されてゆく。共産党は西安事件を通じて、東北軍の支配下にあった延安などの地域を手にいれ、根拠地を二～三倍に拡大した。第二次国共合作が成ったのは、盧溝橋事件勃発後の三七年九月二三日であった（安藤正士「西安事件と中国共産党」）。

事件に対する日本の受け止め方は、比較的冷静なものであった。張学良が発する電文を解読していた台湾軍司令官・畑俊六は、共産党やコミンテルンの影響力は実のところ限定的なものであったはずだと冷静にみている。畑は「真相は要するに軍費問題にて不満を抱きある東北多数軍人が人民戦線運動に利用せられ、学良が之等部下に操られた」(一二月三一日の日記)と判断していた。東北軍の不満に事件の最大の要因があった。

図5-6 尾崎秀実，1940年8月（©毎日）

ある種の思想的裏付けが観察者にある場合、軍諜報並みの分析能力を発揮しうる時がある。尾崎秀実《ほつみ》は「かつての東三省王の豪華な夢を回想しつつ、ルンペン軍閥に転落した張学良が乾坤一擲《けんこんいってき》の大芝居を試みた」と、事件発生直後の一三日に書いた(「張学良クーデターの意義」)。後に、第二次近衛内閣のブレインの一人となり、ゾルゲ事件で逮捕されることになる尾崎が、広く世に知られるようになったのは、まさにこの評論によってだった。蒋介石の価値が、共産党の人民戦線とは別の、いわば国民戦線の軍事指導者としての国民からの支持にある以上、蒋は生存しているはずだと、尾崎は予測できたのである。

支那駐屯軍増強

三六年五月一五日、陸軍省当局は、一七七一名であった支那駐屯軍を、防共と在留邦人保護を理由に、五七七四名に増強する旨を中国側との事前の協議なしに通告した。増強の意図は邦人保護などではなく、「華北の静謐《せいひつ》と対ソ戦備の強化」に置かれたことはいうまでもない。問題は増強された部隊の一部である、支那駐屯軍歩兵第一連隊第三大隊の来歴にあった。第三大隊は、二・二六事件で叛乱将校側に将校団が立ったことで著名であった青森第五連隊にいた小岩井光夫少尉が通信班長を務める部隊であった。小岩井は、二・二六事件の勃発にあたって第八師団長に対して、「破壊の今日は建設の本日」と述べて師団長の上京を促した進言書の最初に名前が出てくる人物であった。この第三大隊こそは、一年後の三七年七月七日、中国側の第二九軍との間に、盧溝橋事件につながる軍事衝突を引き起こす一方の部隊にほかならなかった（松崎昭一「支那駐屯軍増強問題」(上)(下)）。

経済的統一のメリット

西安事件により中国の挙国一致が進むいっぽう、蔣のとりうる政策も抗日へと制約されると予想された。天津にいて事件の展開をみていた、大蔵官僚で支那派遣軍特務部の嘱託であった毛里英於菟は、この頃「西安事変を契機として支那幣制及び北支幣制対策確立に関する意見」をまとめている。今後、中国においては幣制改革の最終的段階である、中央銀行改組の具体化が促進されるだろう。今まで日本は、現銀の国民政府引渡しを拒絶してきたが、これは消極姿勢にほかならない。中国経済が安定しなければ日本が困るとして、毛里は次のような方針転換を唱えた。幣制統一を受け入れ、両国の貨幣価値の安定を、むしろこの際は図るべきだというのである。

日本経済の戦時経済体制への転換期に相当する現段階における客観的条件は、支那経済の安定を絶対的に要請し居り、即ち支那幣制の破綻より生ずる支那経済の混乱は其の儘《まま》日本経済に或る程度致命的打撃を与うる相関性を有することの認識の下に、かかる態度に付再検討を要すべし。

陸軍においては対ソ戦備の拡充、海軍においては海軍軍縮条約からの離脱による建艦計画の推進が必須となってゆく三七年にあって、中国経済の安定は日本にとって必須であるとの認識である。これは的確な認識であった。蔣は反蔣の拠点であった広東・広西両派を、三六年夏屈服させ、同年一一月の綏遠《すいえん》事件では、関東軍の支援を受けた内蒙古軍を敗退させていた。国民政府の支配地域は確実に拡大していたのである。

これを経済史的にみれば、次のような説明になる。円ブロックは、管理通貨制の下でポンドにリンクしたことによって、広い意味でスターリング圏の一部として動くようになっていた。日本は朝鮮・満州・華北を基盤とする円ブロックを、イギリスは華中・華南を基盤とするスターリングブロックを、中国が主権をもつ地域内に入れ子構造のようにもっていた。幣制改革によって元がポンドとリンクしたことで、円と元は、実質為替レートがポンドを介することで安定し、ポンドに比べて大幅に切り下がった状態のまま、アジア圏への輸出貿易において有利な位置を占め得る状況が生まれたのである(杉原薫「近代国際経済秩序の形成と展開」)。

帝国国防方針改定

以上のような、統一した中国の存在が日本にも有益であるとの中国観は、三五年一〇月、仙台の連隊長から参謀本部第二課長(作戦)に異動した石原莞爾による対ソ戦備充実第一主義ともいうべき方針と矛盾しないものであった。満州事変時には均衡していた日ソの兵力比はその後、師団数で約三分の一、飛行機・戦車で約五分の一と日本劣勢となった。石原が従来抱いていた、ソ連の陸軍力とアメリカの海軍力に対し中国を占領地として戦う持久戦論は破綻する。こうして二三年以来の国防方針の改定が進められることとなった。石原は、満州国の国防、殊に航空兵力の充実によってソ連の極東攻勢を断念させようと図った。二三年の国防方針ではアメリカを主敵としたが、今回の改定では米ソ二国を目標にすることで陸海軍間の妥協が図られた。六月八日に裁可された方針は、陸軍側の要求する所要兵力(五〇個師団、航空一四二中隊)をそのまま認めるいっぽう、海軍もまた戦艦空母各一二隻、航空六五隊を持つものとされ、「攻勢を取り速戦即決を図るを以て本領」とした。国防方針は、ソ米中英の順にそれぞれ一国と戦争する対一国戦イメージで描かれており(黒野耐『帝国国防方針の研究』)、これは日本にとっては、国防方針というよりは願望に近かったろう。広田内閣は八月七日、これを政府方針として五相会議決定とした(国策の基準)。

陸海軍の方針をそのまま併記した国防方針と国策の基準を可能とするためには、中国との関係を抜本的に改善するしかないと考えられたのだろう。石原を中心として、各省間に折衝がなされ、三七年四月一六日、それは陸軍・海軍・外務・大蔵四大臣決定「対支実行策」としてまとめられた。内容は、国民政府並びに同政権の指導する中国統一運動に対しては公正なる態度をもって臨むことを定めたものであった。つまり、前年八月の「対支実行策」において、華北に防共親日満の政権を樹立すると書いた、華北分離工作をいったん停止する措置であり、主として経済工作の促進による華北政策がとられるはずであった。

しかし、日本の国防方針改定に応ずるかのように、中国側もまた、軍事委員会直属の参謀本部において、三七年三月「民国二六(一九三七)年度国防作戦計画」を策定していた。華北分離工作のような部分的侵略への対案が甲案、全面戦争への対案が乙案であり、それぞれが日本の不拡大派、拡大派の戦略と作戦に呼応していた。いずれの計画も、日本軍の上海上陸を緒戦で阻止し、次いで上海・南京間を長江沿いに遡上する日本軍の攻撃を軍事要塞線の整備により全力で阻止するとのプランであった。

軍財抱合

三七年一月二三日、広田内閣が議会解散をめぐる閣内不一致で総辞職すると、宇垣一成に大命が降下した。しかし陸軍中堅層の反対で宇垣は組閣を阻まれ、林銑十郎が首相となった。林は、皇道派と統制派の陸軍派閥対立にあっては中立的立場をとっていた。林内閣を誕生させた勢力は、民政党と政友会の反主流派など既成政党の一部、財界の大陸派(結城《ゆうき》豊太郎《とよたろう》・鮎川義介《あゆかわよしすけ》など)、産業組合(有馬頼寧《よりやす》・千石興太郎《こうたろう》など)、陸軍中堅層などであった。英米との経済的協調関係を維持しつつ、対ソ国防準備に専念したいと考える勢力が中心となって林内閣を成立させた。

内閣は、①日本銀行・日本興業銀行の機能拡大によって経済統制を行おうとする結城財政と、②イギリス連邦内での綿製品ボイコットへ対処するために日英関係を修復し、中国に対しては公正な関係を築こうとした佐藤(尚武)外交、を二つの柱としていた。日本興業銀行総裁だった結城は、蔵相就任後、広田内閣において馬場鍈一《えいいち》蔵相が編成した大軍拡・増税プランに修正を施し、国際収支の急速な赤字化に歯止めをかけた。

陸軍中堅層などは、三四年に陸軍パンフレット「国防の本義とその強化の提唱」を出した時点では、大銀行の国有化など、反資本主義の立場を明確にしていた。青年将校の支持する北一輝著『日本改造法案大綱』中の経済機構改革案とほぼ同じ立場に立っていたのである。だが、石原らによって組織された、日満財政経済研究会がこの時掲げた経済改革プランは、日本銀行の機能拡大、勧業銀行・興業銀行の組織拡大などによって経済危機を乗り切ろうとする、財界・金融資本との軋轢回避型のプランへと性格を変えていた。反資本主義的色彩を弱めた陸軍に対して、従来は親軍的といわれた社会大衆党は、経済政策の相違から軍と距離を取り始めた。

つまり、中堅層は三四年においては資本主義の本格的改造を掲げていたにもかかわらず、林内閣期になると、財閥資本の導入による華北経済開発を計画するまでになっていた。社会大衆党はこうした中堅層の変節に対し「金融資本の産業制覇を促進し、資本平均利潤率を維持することに依って狭義国防の達成に急ぎ国民生活は蹂躙して省ない」と批判した。三七年三月、林内閣による議会解散後、親軍的新党結成が喧伝されたにもかかわらずそれが成功しなかった理由は、社会大衆党と陸軍の経済構想の不一致のためであった。軍は生産力拡充計画の推進のためにも、財界と金融資本の前に膝を屈する必要があり、事実そうしたのであった。

3　宣戦布告なき戦争

盧溝橋事件

三七年七月七日、北平市の西南郊外の豊台《ほうだい》に、前年の増兵によって駐屯していた支那駐屯軍歩兵第一連隊第三大隊に属する第八中隊は、盧溝橋の北方の永定河《えいていが》左岸において夜間演習を行っていた。その中隊に属する一人の二等兵の行方不明事件に端を発する、日本軍と中国第二九軍(司令・宋哲元)第三七師との間の日中両軍の偶発的小衝突は、八月一三日、上海の日本租界における市街戦(第二次上海事変)に発展し、全面戦争化した(江口圭一『十五年戦争小史』)。

当初、支那駐屯軍の代表と、冀察政務委員会のメンバーで北平市長でもあった秦徳純(第二九軍副軍長)などが交渉し、七月一一日、現地で停戦協定が成立する。だが七月九日、蔣介石は四個師団を北上させるいっぽう、停戦を上申してきた秦徳純に宛て、まずは決戦の決心をなせとの命令を発した。六月四日に組閣したばかりの近衛文麿内閣もまた、七月一一日、華北への派兵を声明した(内地三個師団の実際の華北派兵は同二七日)。日中両政府とも不拡大を希望しながらも、挑発には断乎応戦するとのスタンスをとった。その後、協定の実施細則をめぐり、日中間には一進一退の交渉が進められる。日本側において当初から拡大論を唱えた者の中には、比較的リスクが低いと考えられた中国を相手とする紛争を名目にして臨時軍事費を獲得し、それによって産業五カ年計画(統制経済による軍需工業を軸にした重化学工業計画)を一気に軌道に乗せてしまおうとの目論見をもつ者がいた(吉田裕「「国防国家」の構築と日中戦争」)。

最大の問題は、中国を相手とする紛争が臨時軍事費を獲得するための名目的な戦争どころではなかったことにあった。上海では八月一三日から、華北では同二二日頃から本格的な戦闘が開始されたが、上海作戦がほぼ一段落した一一月八日までに日本側の損害は、戦死者九一一五名、戦傷三万余名に達している。上海と長江流域には、蔣介石がドイツ人顧問団とともに育成した精鋭部隊八万を含む三〇万の中央軍が配備されていた。対する日本側は、陸軍の到着までは、海軍特別陸戦隊の約五〇〇〇名にしかすぎなかった。

日本陸軍には対ソ戦しか念頭になかったが、中国側はかねてドイツ人顧問団により三四年から準備を開始し、三六年四月には独中借款条約(一億ライヒスマルクの借款により、中国は軍需品と兵器工場を発注する）を締結していた。三六年の統計では、ドイツは武器輸出総量の実に五七・五％を中国に集中させていた。ドイツの対日武器輸出は対中輸出の一％にも満たなかった。日中戦争が勃発すると、国民政府軍は、ドイツのプラント工場でつくられた武器を用い、ダイムラー・ベンツのトラックで輸送し、ドイツ人顧問団に軍事指導を支援される状況にあったのである（田嶋信雄『ナチズム外交と「満洲国」』）。

事変勃発の五カ月前には、上海を守る陣地は、四五カ所のうち一七が完成していた。三五年から整備にかかっていた呉福陣地（蘇州－福山）は約七割が、錫澄陣地（無錫《むしゃく》－江陰）はほぼ一〇〇％完成しており（何応欽「盧溝橋事変前之中国軍備状況」）、ドイツ人顧問は一〇〇ポンド以下の爆弾なら陣地はびくともしないと豪語していた。戦闘開始後、参謀本部から戦地視察に赴いた西村敏雄は、「敵の抵抗は全く頑強。敵の第一線兵力は約一九万」と報告している。

上海戦

上海戦は「ベルダン（第一次世界大戦の激戦地）以来もっとも流血が多かった」と称される戦闘となり、当時、外務省東亜局長であった石射《いしい》猪《い》太《た》郎《ろう》は「支那は大軍を上海に注ぎ込んで陸戦隊セン（殲）滅を図って居る、之に対して幾日もてるか」（三七年八月一七日）とその日記に危機感を記した。ドイツ国防軍にならって空軍整備に力を注いだ中国軍は、一四日、上海の日本海軍陸戦隊司令部、黄浦江上の第三艦隊旗艦・出雲に爆撃を加えた。渡洋爆撃を行った木更津航空隊と空中戦を演じ、三機を撃墜している。当時、軍令部第三部（情報）にいた皇弟・高松宮宣仁《のぶひと》は一四日の日記に、一一時二〇分の同盟報によれば、陸戦隊本部、砲艦、駆逐艦、飛行場用地が「支那機に爆撃された由。之が支那機の第一声なり」と記した。

日本側が、八月一五日、「支那暴戻《ぼうれい》を膺懲《ようちょう》」する旨の声明を発し、不拡大方針を転換させた日、海軍は長崎県大村基地と台湾の台北基地から、海軍航空隊の新鋭爆撃機・九六式陸上攻撃機による渡洋爆撃を開始した。南京と広東に対して最も激しい空爆がなされた三七年九月から一〇月までの一カ月の間に、海軍空襲部隊が投下した爆弾は合計四九五〇発に達した(前田哲男『戦略爆撃の思想　新訂版』)。

図 **5-7**　上海の市街戦，1937 年 10 月(©毎日)

陸軍は、八月一五日、上海派遣軍として、まずは第三師団(名古屋)と第一一師団(善通寺)の二個師団の派遣を、その後、九月一一日になると、第九(金沢)、第一三(仙台)、第一〇一(東京)の三個師団増派の決定を行った。また、上海派遣軍のほか、一〇月二〇日、第一〇軍が編成され、同軍には第六(熊本)、第一八(久留米)、第一一四(宇都宮)師団、と第五(広島)師団の一部が編入された。一一月、上海派遣軍と第一〇軍を合わせ中支那方面軍が新設される。

軍の陣容を眺めれば、特設師団(番号が三桁の師団や、軍縮で廃止された師団番号を使って編成された師団)が含まれていることからわかるように、参謀本部は、ソ連の動向を顧慮するあまり、現役兵率の高い精鋭部隊を上海・南京戦に投入しなかった。

皇道派で元陸相の荒木貞夫は、その日記に「動員令下る。出動は未だなり。今回の召集は、後備の未年者と第一乙未教育(補充)兵を召集したるは何によれるか」(七月二〇日)と、率直に疑問を呈していた。同時代人の目にも、後備兵を中心とした動員は不可思議に映じたのであろう。政友会の重鎮の一人であった小川平吉もまたその日記に「未明、召集令下る。長野県全県にて一万余なりという。今回は予備兵再役者多し」(八月一五日)と、的確に記していた。

九月二七日、戦線の不拡大に失敗した石原は参謀本部第一部長を辞し、関東軍参謀副長として転出した。その石原の言に、中国戦線が落ち着いた後、上海には第三師団のみ残し、他を北に転用して華北において方面軍を作り、「対ソ開戦の急に応じ得るごとく兵力を配置」すべきだとのことばがあった。陸軍はあくまで北を向いていたのである。

こうした陸軍の方針には、天皇もまた強い疑念を抱いていた。華北から華中に拡大した戦争に対する、兵力の漸次投入ほどの拙策はない。不安にかられた天皇は、八月一八日、軍令部総長と参謀総長に対し「重点に兵を集め、大打撃を加えたる上にて、我の公明なる態度を以て和平に導き、速に時局を収拾するの方策なきや、即ち支那をして反省せしむるの方途なきや」と下問する。陸海統帥部がなした奉答は、海軍航空部隊による敵航空兵力の覆滅《ふくめつ》、重要な軍事施設、軍需工業中心地などへの反復攻撃により、敵の戦意喪失を図るというプランであった。兵力の少なさを戦略爆撃で補完する発想が現れてきていた（藤原彰『昭和天皇の十五年戦争』）。

軍紀の弛緩

荒木日記で触れられていた召集兵の内実は、興味深い。現役兵とは、教育のため軍隊に入り軍の骨幹を為すと期待された者で、満二〇歳から二年間（海軍は三年）。現役を終えた者は予備役となり戦時の召集を待つが、その期間は五年四カ月（海軍は四年）であった。後備役は予備役の終わった者全員で、一〇年（海軍は五年）、戦時の召集に応ずる義務があった（図5－8）。

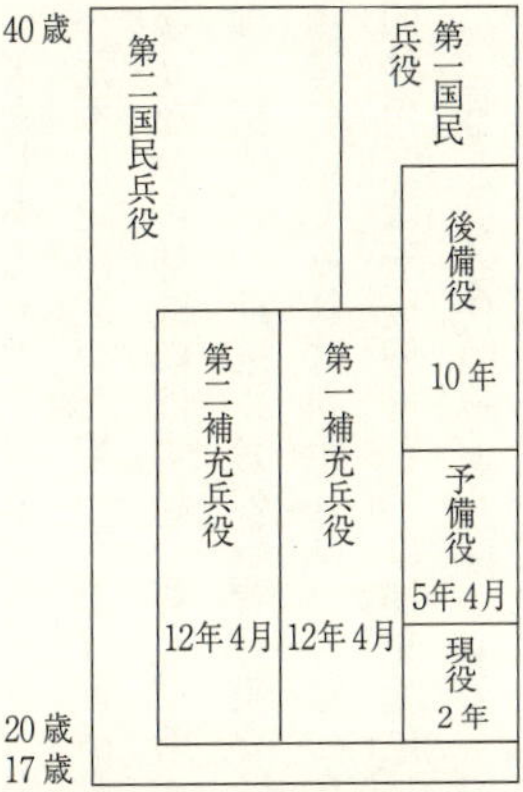

図5-8　兵役の区分と年限（1937年当時）（藤原彰『南京の日本軍』大月書店，1997年より）

となれば、後備の末年者とは最も若い場合でも二七～二八歳になっていたはずだ。陸軍省軍事課長であった田中新一は、この点について厳しい観察を残している。一〇月一八日の業務日誌には「軍紀粛正問題。軍紀頽廃《たいはい》の根元は召集兵に在る」と書き、三八年一月一二日には「軍紀風紀の現状は皇軍の重大汚点なり。強姦・掠奪たえず。現に厳重に取締りに努力しあるも部下の掌握不十分、未教育補充兵等に問題なおたえず」と書いた。

荒木日記にあった第一乙未教育補充兵とは、何であろうか。補充兵には、徴兵検査で甲種になりながら抽籤にはずれた者と、第一乙種の者が該当する。第一乙未教育補充兵とは、第一乙種合格で、一期三カ月の教育召集を経験していない兵を意味していた。田中の日誌に「歩兵連隊についてみれば初年兵は一〇〇〇ないし一五〇〇を充当しあるも、全員の三分の二ないしは四分の三は予後備もしくは補充兵にして、現役兵は各師団二〇〇内外しか残りあらず」(一二月二〇日)という状態であれば、上海・南京戦に従軍した兵士の錬度は低く、士気もふるわなかったろう。田中は「予後備兵の召集解除を行い、できるだけ速かに平常の体制に移し、右による兵員の不足は補充兵・新兵によって充足する」(一一月一八日)方針を立てた。

田中は、天皇の日中戦争観と同じく、兵力の逐次投入策に強く反対していた人物であった。不拡大方針は一見穏健に見えても、実のところ問題を多く発生させる。石原への田中の怒りには激しいものがあった。「上海戦は初期大失敗を演じたために諸外国を反日侮日に追いやり遂に長期持久戦に陥らしめたり。その責任は(中略)不拡大政策の負うべきものなり」(一一月三一日)と批判していた。

中国戦線の特質　開戦後一年を経た三八年八月の時点で、陸軍省自身、中国戦線における役種区分を調査していた。一〇個師団の総計を算出すると、現役兵の率一六・九%、予備兵二八・三%、後備兵四一・五%、補充兵一三・五%となる(四捨五入のため、合計は一〇〇とならない。以下同じ)。中国戦線の実に四割が後備兵によって支えられていた。後備兵率の高さは、犯罪率の高さにそのまま直結していた。第一〇軍軍法会議の記録から被告の役種を求めると、既決犯のうち、現役三・九%、予備役二二・五%、後備役五七・八%、補充兵役一四・七%となる。既決犯の五割以上を後備兵が占めていた。

上海戦は三七年八月一三日から一一月九日まで三カ月続いた。中国側の負った損害もまた大きなものがあった。上海戦の終盤になると、ドイツ人顧問団によって訓練され、ドイツ製の兵器で装備した近代的戦闘部隊が完全に消耗する痛恨の事態にみまわれた。中央軍の兵力が足りなくなると、急遽、地方軍が戦線に投入された。上海戦に投入された中国軍は延べで七〇個師団、七〇万、そのうち一九万人が犠牲となったといわれている。上海から撤退した中国軍は、首都・南京をめぐる攻防に移行した。それは一二月一三日まで続く。上海では蒋介石の信頼篤い陳誠が前敵総指揮にあたったが、南京では現代戦の指揮経験のない唐生智《とうせいち》が南京防衛軍司令長官となった(笠原十九司「国民政府軍の構造と作戦」)。

対する日本側は、上海派遣軍司令官に松井石根《いわね》、第一〇軍司令官に柳川平助が就いた。日本軍は中国軍を追撃し南京に向かう。当初は南京攻略の意図がなかった陸軍中央も、第一線の突進をみて、一二月一日、南京攻略を追認した。上海派遣軍と第一〇軍は競いつつ、南京に向かう。先陣の功を競う進軍では、大行李（食糧を運ぶ部隊）・輜重《しちょう》（軍需品の補給に任ずる部隊）は追随できず、給養は現地物資の掠奪によりがちとなった（藤原彰『南京の日本軍』）。

南京戦

作家の石川達三は、三七年一二月下旬、中央公論社特派員の立場で、南京陥落後の華中方面の作戦に従軍した。その作家が描いた「生きてゐる兵隊」（『中央公論』三八年三月号、即日発禁）の中の一節。「南京は敵の首都である。兵隊はそれが嬉しかった。常熟《じょうじゅく》や無錫と違って南京を乗っとることは決定的な勝利を意味する」。決定的な勝利が得られれば、戦争は終わり郷里に帰ることができるから、兵隊は「嬉し」いのであった。しかし、もし、南京が陥落しても戦争が終わらないと知ったら彼らはどうなるだろうか。

南京の城壁は高さ約一八メートルあった。外側には水濠を配し、防衛線は三層にしかれていた。防禦に適した都市は、いったん、敵に侵入された場合、敵の包囲網を破って軍隊が退却するのには適さない。南京防衛戦をめぐって中国の軍事委員会幕僚たちは、南京死守を放棄し、ある程度の抗戦を行った後は、自発的に撤退を行った上で、長期持久戦に移行することを蔣に提言した。しかし、蔣は、南京を一定期間は死守するとの作戦に固執した。

蔣が南京戦にこだわったのは、ソ連の対日攻勢の好機が三七年一二月頃であると日本の参謀本部が最も警戒していたことと関係していた。蔣は軍事委員会から人をモスクワに派遣し、戦車・重砲・高射砲などの武器援助を依頼するとともに、中国が軍事的抵抗の実を見せれば、ソ連は対日参戦する意思があるかどうか問わせていた。

唐生智は、撤退の時期と方法を誤り、一二日夜から一三日の朝にかけて、約一五万人の中国軍は日本の包囲網を破って退却を試みた。しかし、たとえば第五八師で長江左岸に逃れられたものは三分の一に過ぎず、第八七師は、約三〇〇名が長江の激流を渡河できただけであったといわれる。船は奪い合いとなり、それは凄惨と形容されるしかない光景となった。

いっぽう、不十分な補給のままの追撃戦による鬱積、中国兵への蔑視の感情が日本側にはあった。作家の石川達三は兵士の感情をよく観察していた。「殊に兵隊の感情を焦立たせる原因となったものは、支那兵が追いつめられると軍服をすてて庶民の中にまぎれ込むという常套手段(後略)」。投降は卑怯だとする日本兵の文化的素地からは、軍服を脱いで国際安全区(難民区)へ逃げ込む中国兵の心性は理解できなかったであろう。また、兵士たちは捕虜の取り扱いに窮した。石川は率直に「こういう追撃戦ではどの部隊でも捕虜の始末に困るのであった」と書いていた。この混乱の渦中に南京事件は起きた(野島博之「文学がとらえた戦争」)。

日本は二九年、ジュネーブで議決された捕虜に関する条約を批准していなかった。だが捕虜の人道的待遇を定めた、一九〇七年のハーグにおける「陸戦の法規慣例に関する条約」附属の「陸戦の法規慣例に関する規則」は批准していた。宣戦布告のない戦争では、日清、日露などの戦争にあったような宣戦の詔書中の「国際法規を遵守」すべしとの文言もなかった。三三年に陸軍歩兵学校が頒布した「対支那軍戦闘法の研究」中の「捕虜の取扱」の項には、捕虜は必ずしも後送する必要はなく、特別の場合を除けば、現地または地方に移して釈放してよいのだとする。その後に続けて、「支那人は戸籍法完全ならざるのみならず、特に兵員は浮浪者」が多いので、「仮にこれを殺害又は他の地方に放つも世間的に問題となること無し」と書かれていた(藤原彰『餓死した英霊たち』)。

当時の中国の兵制に鑑みる時、陸軍歩兵学校の教本における戸籍法云々以下の記述は深刻な意味をもっていた。日中戦争開始期、中国において徴兵制は実質的に導入されておらず、三六年に実施した「徴兵制実施計画」によって、全国に設定した兵営区と全国に設定した六〇個師団の軍区ごとに、徴兵と部隊編成、訓練を行う制度とした機構を利用して、各区に兵員供出を割り当てた。日中戦争期間中に国民政府が動員した兵士の総数は約一四〇五万人といわれ、そのうち四川省からは約二五八万人が徴集されたという。彼らのほとんどは貧農であり耕作の担い手であったために、しばしば軍隊から逃亡し、壮丁《そうてい》逃亡は中国の軍政当局にとって常に深刻な問題であった。数を満たせなかった保甲《ほこう》長は、その地域以外に籍を置く行商人などを拉致して数を合わせた例もあったという(笹川裕史「糧食・兵士の戦時徴発と農村の社会変容」)。

戦時経済

産業構造における軍需関連部門の比重、財政支出中の軍事支出の割合から考えれば、三二年から三六年までの時期はいまだ平時経済であるといってよかったが、三七年、中国との戦争が全面化すると、日本経済は戦時経済へと全面的に編成替えを行った。

同九月、陸軍は臨時軍事費として二五億円を要求した。これは当時の国家予算二八億円余に匹敵する額であり、輸入急増は必至となり、統制なしでは国際収支の悪化を避けられなかったことから、経済の計画化が始まった（図５－９参照）。九月の臨時議会では、以降の経済にとって大きな影響力をもつこととなった三法、すなわち、臨時資金調整法（軍需と関係の薄い企業への設備投資資金を統制できる）、輸出入品等臨時措置法（不要不急だと認められた物資を輸入禁止にできる）、軍需工業動員法（必要な工業設備を軍部が監理できる）が成立している。

同一〇月、重要産業五カ年計画を推進するための企画庁と、物資受給をはかる資源局（二七年創立）を統合し、戦時経済の計画立案機関として企画院が設置された。三八年四月、帝国議会の審議において、議員からナチスの授権法に等しいとの批判も出た、国家総動員法も成立する。これは、総動員関係の事項について、国家に広範な命令、制限、禁止の権限を与えるもので、本来は議会の協賛が必要な法律で決定されるべき事項でも、勅令や省令などで指示できることとなった（中村隆英『昭和経済史』）。

鉄鋼生産をみると、兵器生産に直結する特殊鋼などは太平洋戦争末期まで拡大を続けるが、経済全体に大きな影響を及ぼすはずの普通鋼鋼材などは、三八年にピークを迎え、以降は減少する。三八年からの経済生産は物資動員計画に基づいてなされたが、その場合、普通鋼鋼材の

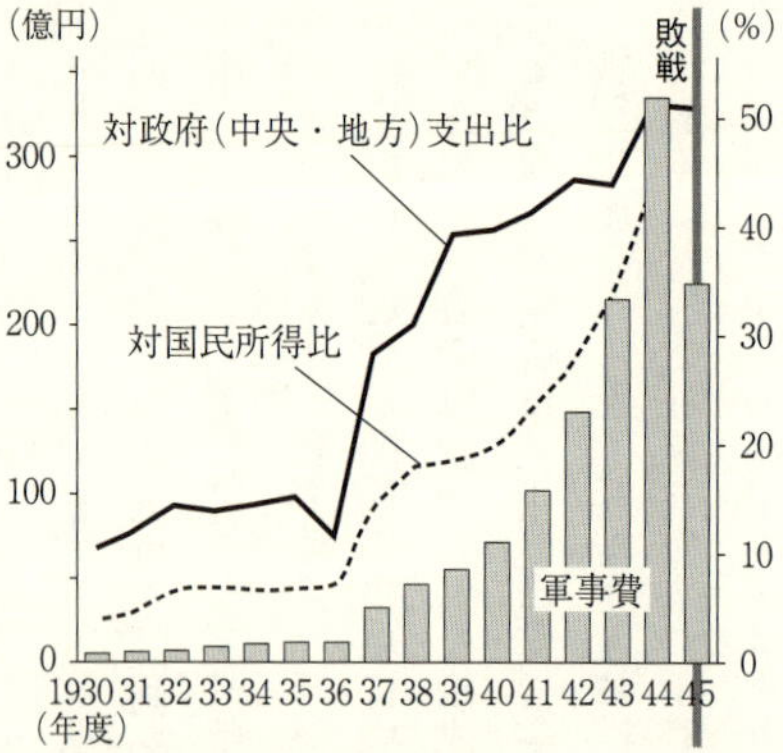

図5-9　軍事費の増大と国家予算の膨張（大川一司ほか『長期経済統計1　国民所得』・江見康一ほか『長期経済統計7　財政支出』より作成）

配分要求をめぐって陸海軍が対立した結果、民需は圧迫され、それは経済全体を弱体化させることにつながっていった。最大のエネルギー源であった石炭の生産も四〇年をピークとして以降は五〇〇〇万トン台で推移した。三八年に兵力総数は一〇〇万の大台を超え、その兵力動員によって生じた労働力の穴は繊維産業や商業からの労働力移動で埋められた。兵力動員や軍需産業への労働力移動によって減少した男子農業労働力は、女子労働力によって埋められた（原朗編『日本の戦時経済』）。

三七年九月以降、陸海軍は膨大な臨時軍事予算を獲得していった。しかし、こうした予算の六割ほどは、目の前の日中戦争に対する措置というよりは、将来の大戦争に備えて軍需品を蓄積する方面に費やされた。しかし、軍需生産が優先されれば経済は縮小する。東京帝国大学で経済学を講じていた有沢広巳《ありさわひろみ》は、「戦争と経済」（『改造』三五年三月号）において、軍需部門の生産の規模が、民需部門の拡張生産部分の規模より大きければ縮小再生産に陥らざるをえないとした。日本は米ソを相手とした戦争には勝利できないというのが、有沢の論の裏面にあった主張であろう。

陸海軍の軍需動員計画は、日中戦争勃発以前から資源局において、陸海軍の戦時所要量というかたちで調整されてはいた。「第二次期間計画の概要」(三六年一二月二六日)が現存しているが、それによれば、たとえば鋼材の戦時総需要は年約四二〇〇万トンで、鋼材生産能力は五〇〇万トンであった。計画上においても屑鉄で三〇〇〇万トンの不足を生ずることとなり、これに対処するためには、製鋼法の改革、溶鉱炉の増設も含め、対ソ対米二国同時開戦を予期してから準備期間が一・五〜二年必要とされることは自覚されていた。

対ソ対米戦の前に日中戦争が始まる。陸軍が「第二次期間計画」で徴用予定船として想定した船舶は約四八万トンであった。しかし現実には、四〇年一二月の時点で、すなわち日中戦争への対応だけで、すでに約九〇万トン、想定の倍以上の船舶が徴用されていた。計画上の数値があまりにも楽観的だったとわかる(荒川憲一「戦間期の戦争経済研究について」)。

病院船

日本側の準備は不十分であった。内地還送患者の出るような戦争に対応できる準備はなかったといえるだろう。日中戦争開始から二年半にわたり、日本赤十字社の救護看護婦として病院船に勤務した藤垣京子の日誌がある。広島の似島《にのしま》の伝染病院の隔離病棟に勤務した彼女はこう書く。「氷を入れようにも氷枕もなければ錐もない、大便を採りかえ様にも綿花もない。涙のこぼるるを禁じ得ない」(三七年一〇月一日)。こうした伝染病患者は、初期の津浦沿線の作戦や上海戦での罹患患者であろうか。

上海で病院船に収容した患者には、神経衰弱に罹患した者もいた。「午前二時半頃、便所にゆくとて上ってゆかれたが、心配でそっとつけてゆくと、やっぱりデッキに昇らんとしているところだ。一生懸命なだめて床に帰らせ、色々慰めて、やっと寝かせる事が出来た」(三八年二月四日)。これは投身自殺を止めた例であり、日記に記された他の二例は止められなかった例であった(新谷尚紀「日赤看護婦と陣中日誌」)。

持久戦へ　華北と華中での戦闘を継続しながら、日本側は三七年一〇月一日、総理・外・陸・海の四大臣によって「支那事変対処要綱」を決定し、上奏された。華北と華中において戦面が拡大し長期戦のおそれが大きくなってきたのに対し、一〇月攻勢の戦果によって戦争を終わらせ、国民政府との和平解決を想定したものであった。

国民政府も一〇月二五日の国防会議において、停戦が協議され、①士気の点からいえば停戦は不利、②現役軍隊はすべて投入し尽くしたので停戦は有利、③武器・弾薬の消耗が激しく補充が困難なので停戦は有利、④山西、山東の戦いの帰結は未決であり、上海の情勢も有利である、よって停戦は外交的に悪い情勢ではない、との議論がなされた。日本側の条件しだいでは、中国側も停戦に応ぜざるをえないほどの窮状にあった。

一一月二日、広田外相は駐日ドイツ大使・ディルクセンに、「支那事変処理要綱」を基礎とした条件、すなわち、内蒙古に自治政府樹立、満州国境から天津・北平間に非武装地帯設定、上海の非武装地帯の拡大、排日政策(反日教科書の改訂など)の中止、共同防共などの条件を伝達した。ディルクセンは条件を駐華ドイツ大使・トラウトマンに伝え、一二月二日、国民政府は、華北の主権と独立を侵犯されないことを条件として日本との和平協議に応ずることを決定した(劉傑『日中戦争下の外交』)。

当時、軍令部第一一課は、財政部長の孔祥熙や外交部から在外使臣に宛てられた電文、また駐華英国大使と駐華米国大使から本国に宛てた電文の解読によって、一二月四日から五日の時点で中国側の和平希求を知り、それは外務と陸軍にただちに伝えられた。ここで問題が起こる。トラウトマン工作は、実のところ参謀本部作戦課、同支那課、陸軍省軍務局軍務課支那班などに事前に伝えられることなく、広田外相主導でなされていたため、暗号解読によって初めて実情を知った陸軍中堅層は強く反発し(宮杉浩泰「戦前期日本の暗号解読情報の伝達ルート」)、この対立はその後の国策決定の過程においても影を落としてゆく。

日本側は一一月二〇日に大本営を設置し、政戦両略の一致を図るため大本営政府連絡会議をおいた。政府は、上海・南京作戦の成功をうけて対中交渉条件を吊上げにかかった。①華北には中国の主権を認めた特殊の「行政形態」の樹立、②内蒙古には防共自治政府の樹立、③講和使節の日本への派遣、などが追加された。また、当初は明示していなかった満州国の正式承認についての項目も加えられた。

三八年一月一五日の連絡会議(出席者は近衛首相、広田外相、杉山元《はじめ》陸相、米内光政《よないみつまさ》海相、末次信正内相、閑院宮参謀総長、伏見宮軍令部総長、多田駿《はやお》参謀次長、古賀峯一《みねいち》軍令部次長)においては、中国側の回答を誠意なしとして交渉打切りを主張する政府と、なお一度回答を待つべきであるとの統帥部とが激しく対立した。

閑院宮が「細目十一か条が徹底しありや、箇条書きにしては如何」と述べて、新しく追加された細目条件を、口頭ではなく文書にして、より詳しく説明して中国側を説得すべきだと発言したのに対して、広田外相は「詳しく説明し置きたるを以て判《わか》て居ると思う」と答えているように、政府が対中交渉の打切りという点で強硬な態度をとったのが注目される。一月一六日、政府は「国民政府を対手とせず」と声明する。

中国側との交渉を中止するのに、このような強い言辞をもってしたことは、将来の和平交渉を困難にした。なぜ政府側は和平交渉の打切りを決定したのだろうか。その一つの答えとして、政府側の第一に念頭に置いていたものが、戦時経済の強化であった点が挙げられよう。中国側の抗戦意欲を挫き、戦争継続に必須の海外からの経済的補給を安定的に行うためにも、対外為替相場の維持と公債消化率の向上が不可欠であった。そうであれば、トラウトマン工作に日本側が執着をみせることは、やみくもに停戦を急いでいるかのように海外から見透かされるおそれがあるとの警戒感を生じさせる(松浦正孝『日中戦争期における経済と政治』)。日本軍はこの後、三八年五月、徐州を陥落させ、一〇月、広東、武漢を占領した。しかし、重慶に退いた国民政府の抗戦は続き、戦争は長期持久態勢に移行することとなった。

ゾルゲは、日中戦争を通じて日本に戦力がついてきた点に気づいた。「日本陸軍は、中国戦争のあいだに、二三万人に満たない小陸軍から、ドイツや赤軍規模の大陸軍に発展した。そのうえ、中国戦争までは技術上全く遅れていると見なされたのであったが、今ではすべての近代兵器を擁し、技術上も高度な、歴戦の陸軍に変っている」(「日中戦争中の日本経済」『地政学雑誌』三九年一～三月号)。

日中戦争の国際化

国際関係を安定化させる体制が存在しなくなった時、すべての大国は二重外交を展開することで安全確保に努めた。たとえば、ドイツは三六年四月、武器輸出を中心とする独中借款条約を締結するいっぽう、日本との間に、同年一一月、日独防共協定を締結し、三七年五月にはソ連に関する日独情報交換附属協定を結び、極東外交に二股をかけた。しかし、欧州情勢の緊迫化とともに、二股外交は、ゆっくりと終わりを告げる。ドイツの対日接近は、ドイツにおける伝統的支配層の政治的敗退が決定的となり、リッベントロップの外相就任(三八年二月)、満州国承認(同年五月)、中国との事実上の断交(同年六月)によって明確化していった(田嶋信雄「日独軍事協定問題」)。

いっぽう中国はソ連との軍事協定に踏み切り、三八年二月、中ソ軍事航空協定が調印される。欧州やソ連の情勢の変化とともに、日中戦争は国際化の様相を呈してゆくが、それは次のような理由によっていた。
①ドイツが中国から日本へと政策転換を行ったこと、②日本が蔣介石の国民政府を否定し、親日傀儡政権樹立による長期持久戦態勢に入ったこと、③英米海軍の共同戦略会議が秘密裏にロンドンで開始されたこと、④ソ連内に対日強硬論が生まれ、中国援助以上の対日強硬策を選択する動きがみられるようになってきたこと、⑤イギリスが帝国防衛順位における極東の劣勢から、日本へある程度の宥和姿勢を示したため、日本の中にイギリスに圧力をかけて日中戦争を解決しようとする気運が生まれたこと(入江昭『太平洋戦争の起源』)。
⑤については多少の留保がいるだろう。イギリスの中国における投資総額は二億五〇〇〇万ポンドに上り、それはイギリスの全海外資産の六%、中国に対する外国からの投資額の、なお三五%(三七年現在)を占めていた。イギリスは、シンガポール基地へ有効な海軍部隊を派遣する力はなかったが、中国軍との日本軍の戦いぶり、あるいは、ノモンハンにおけるソ連・モンゴル人民共和国連合軍との日本軍の戦いぶりをみて、日本の軍事力に対して、ある種の軽侮の念を持ったことは確実であった。三八年二月の段階で、イギリス人の情報将校は「攻撃精神旺

盛で訓練と指導が行き届いた中国軍部隊は、ほぼ等しい条件下での日本軍との戦闘を恐れる必要はない」とみていた。よって、イギリスの対日宥和姿勢は、三八年九月のミュンヘンにおける対独宥和のそれとは異なる次元の、より消極的なものであったといえるだろう。

しかし、三九年九月一日、ドイツがポーランドに進撃し、同三日、英仏がドイツに宣戦布告したことで第二次世界大戦が勃発する。イギリスはイタリア打倒を第一にめざしたため、地中海への防衛を優先せざるをえず、極東での一定の妥協は不可避となった。

日本側もまた日中戦争開戦後の三七年一一月、日独防共協定へイタリアを参加させ、三九年六月、天津のイギリス租界を封鎖するなどイギリス牽制に努めた（A・ベスト「日中戦争と日英関係」）。このように、中国問題をめぐるアメリカとの最終的な原理的対立を迎える前に、極東と欧州での戦争は、密接な関連を有するようになっていたのである。

自己説得の論理

国民が日中戦争を支持した理由の一つには、速戦即決で中国を打倒できるとの見通しがあったからだろう。しかし戦争は緒戦から困難な戦いとなり、三七年中に動員された兵士は九三万人に達した。内訳をみれば、召集兵は五九万四〇〇〇人で、現役兵の三三万六〇〇〇人の倍近かった（藤井忠俊『国防婦人会』）。戦争は続き、帰還兵による戦場の様相が少しずつ社会にも伝えられるようになった。陸軍次官通牒「支那事変地より帰還する軍隊及び軍人の言動指導取締に関する件」に例示されている帰還兵の話には、次のようなものがあった。

「兵站《へいたん》地域では牛や豚の徴発は憲兵に見つけられてよく叱られたが、第一線に出れば食わずに戦うことは出来ないから、見つけ次第片端から殺して食ったものだ」、「戦闘間一番嬉しいものは掠奪で上官も第一線では見ても知らぬ振をするから思う存分掠奪するものもあった」、「戦地では強姦位は何とも思わぬ」。このような事例は、吉見義明が従軍兵士の日記や手紙を軸に民衆の戦争体験を構成した『草の根のファシズム』で描く世界と通底している。いったいこの戦争は何のためにやっているのか、との疑念が人々の間に湧くのも当然だろう。

それに対する近衛内閣の答えが、三八年一一月三日の「東亜新秩序」声明であった。東亜新秩序とは、第一次世界大戦後に公然と正統性を主張できなくなった帝国主義・植民地主義にかわる説明形式の必要性と、ワシントン体制的協調主義の否定というモチーフのはざまに、知識人によって考え出された自己説得の論理であるといえた。

その代表的知識人の一人、東京帝国大学教授の蠟山政道《ろうやままさみち》は、武力戦が必要な理由を次のように説明していた。欧州の地域秩序にしかすぎない国際連盟のシステムを補完するためには、東アジアの地域主義的な秩序原理の確立が本来は必要であった。しかし、中国の民族主義は、東アジアの地域主義的な秩序原理を認めないばかりか、欧米の帝国主義に利用されているのに気づかない。アジアの貧しさを招来したものこそ、各国のナショナリズム間の対立を同一平面上で解決しようとしたウィルソン流の民族主義にあったのである。よって、日本は覚醒しない中国の民族主義と、それにつけこむ西欧の帝国主義を共に軍事力で打倒する必要がある。こう蠟山は論じ、戦争を正当化した（三谷太一郎「国際環境の変動と日本の知識人」）。

第一次近衛内閣のブレインとなる多くの革新派も、東亜共同体について多くの論考を残した。社会大衆党の代議士・亀井貫一郎の論をみておこう。日本と中国のナショナリズムを同一平面上に調整することによって日中戦争を解決することは不可能となったために、より高次のレベルで解決するしかなくなった。もはや、立体的解決、すなわち世界新秩序の一単位としての東洋という位相での解決しかない。日本と中国と満州国のナショナリズムを吸収しつつ、超国家体としての東亜共同体を形成する方向だけが歴史的必然に沿う、このように亀井は述べていた（伊藤隆『近衛新体制』）。

この時点では大蔵省預金部の監理課長となっていた革新官僚・毛里英於菟は、「「東亜一体」としての政治力」（『解剖時代』三八年一一月号）の中で、日中戦争を「東亜の、世界（国際資本主義及び共産主義的支配）に対する革命である」と表現している（伊藤隆『昭和期の政治　続』）。理解しやすい例で説明すれば、これまで半植民地の地位におかれていた東アジアの農業問題が解決をみなかったのは、国ごとに対応をとってきたからであり、日本・中国・東南アジアを貫いた広域的な土地問題・農業問題を同時的に解決することで、半植民地状態からの脱却が可能となると説いていた。当時の知識人たちの議論の最大公約数は以上のような内容をもっていたといえるだろう。

中立法の余波

日本も中国も宣戦布告を行わなかった。宣戦布告をするとアメリカ中立法の適用を受ける恐れが生じるためであった。中立法は、アメリカ自身を戦争から遠ざけておくための国内法として意味をもついっぽう、他方で、アメリカの物資と資金力の巨大さにより、周辺諸国の戦争勃発を抑止する力をもっていた。つまり中立法は、いっぽうではアメリカの孤立を保障し、他方では経済制裁と同様の働きをなしうる特殊な法だといえた。

三七年五月に改定されたアメリカ中立法によれば、戦争状態にあると認められた国は、①アメリカからの兵器・弾薬・軍用機材の輸入が禁止される、②一般の物資・原材料についても輸入制限がなされ、これらは輸入を欲する当事国の責任で「現金・自国船輸送」でなされなければならない、③金融上の取引制限(大統領が戦争の状態を布告した時には、交戦国の公債・有価証券・その他の債権証書を売買し、または交換することは不法とされる、また交戦国に資金または信用を与えることは不法とされる)などの措置を受けることとなった。

日本は主として③を恐れ、中国は主として①と②を恐れたのであった。日本は三七年一一月、内閣第四委員会において宣戦の可否について議論し、陸海外三省の合意によって宣戦布告しないことに決した。ところが、宣戦布告をしないと通常の交戦権の発動によって認められる権利の行使ができなくなる。つまり、軍事占領や賠償を適法に要求できないジレンマを負ったのであった。これまでみてきたように、近衛内閣は、積極的な意義づけを持たされないままに始められた日中戦争の意義を、革新派の議論によって粉飾したが、中立法のジレンマからくる桎梏をも、一挙に説明しうる境地にまでイデオロギー的粉飾をさらに完成させる必要が生じた。

近衛の挫折

それが、三八年一一月三日の東亜新秩序声明(第二次近衛声明)であり、同年一二月二二日の近衛三原則(第三次近衛声明)にほかならなかった。近衛の述べた日中関係解決のための三原則は、善隣友好・共同防共・経済提携であったが、その内容を詳しくみれば、①主権尊重、②無賠償・無併合、③経済開発を独占せず、④第三国権益を独占せず、⑤占領地域からの撤兵、の五つとなる。

参謀本部の支那課が中心となって、国民政府で蔣介石に次ぐ地位にあった汪兆銘を誘導する工作が、同時に進められていた。近衛声明に汪が応ずるかたちをとって、①満州国承認、②治外法権撤廃、③華北経済開発、④日中提携による東洋の復興、⑤英ソ両国に対する共同戦線、⑥広東・広西・雲南・四川を基盤とする新政権樹立、などを骨子とする汪の声明案が極秘裏に準備された。汪は、三八年一二月一八日、重慶脱出を果たし、同二九日、対日和平通電を中国全土に発するが、汪に続く地方実力者は現れなかった。

四〇年七月二二日、近衛新体制を望む陸軍によって、米内光政内閣が倒されると、第二次近衛内閣が成立する。この内閣は日本を第二次世界大戦下の欧州情勢と連動させる意欲をもっていた。近衛の主観としては、日中戦争を終わらせるための国民組織を作り、一国一党による議会運営を通じて軍部を抑制しようとの意図があった。しかし、近衛の支持基盤の一つであった観念右翼などが、国民組織や一国一党は幕府的存在であり憲法違反であると反対した。一国一党構想については、海軍はもちろん陸軍中央も反対した。よって近衛は、一〇月、一国一党論を断念し、上意下達組織としての大政翼賛会の設立にかえた。そのことは、近衛内閣が当初抱いていた構想、すなわち国内的に政治勢力を再結集させることで、日中戦争を独自に解決するとの展望を自ら放棄したことを意味するものにほかならなかった。

おわりに

軍と国民

ここまで読み進めてこられた読者はすでにお気づきのことと思うが、昭和戦前期の日本においては、国防思想普及運動などによって国民を巻き込み、煽動し、満州事変への支持を調達した陸軍などが真にめざしていたものと、煽動の過程で国民の前で強調され、展開された論理との間には、実のところずれがあった。

石原莞爾が望んだのは、①ソ連がいまだ弱体な時、②中国とソ連の関係が悪化している時、③日本とソ連が将来的に対峙する防衛ラインを、中ソ国境の天然の要害まで北に西に押し上げておくことであった。将来的な対米戦の補給基地としても満州は必要とされていた。しかし、それは国民の前には伏せられ、条約を守らない中国、日本品をボイコットする中国という構図で、国民の激しい排外感情に火が点ぜられた。

松岡洋右が、そして建川美次までが連盟に止まろうと奮闘した一九三二年暮れから三三年初頭、ジュネーブ軍縮会議の陸軍側随員の一人として同じくジュネーブに居合わせた石原は、早期脱退論をぶつのでもなく、冷静に傍観していたとの証言がある。戦略上の目的が達成されれば日中紛争の帰結など問題ではなかったのだろう。掻き立てられ、後に放置された国民の憤怒は「満州事変は復仇」との自己説得の論理に、より強く結びつけられてゆくほかはない。

ずれは日中戦争においても起きた。参謀本部第一部長だった石原は、三七年後半にもソ連の対日参戦がありうるとみていた。ソ連を警戒するあまり、満州に駐屯していた現役兵の多い屈強な師団には手をつけず、荒木貞夫が喝破したように、後備兵の比率の高い弱体な特設師団に上海・南京戦を戦わせた。いっぽう、軍内の拡大派もまた、目の前の中国との戦争を名目に臨時軍事費を獲得し、実のところ将来の対ソ戦に備えた拡充計画、国防国家化に予算の六割を振り向けていた。陸軍の不拡大派も拡大派も、その実、中国と正対していなかったのである。このような時にあって、ドイツ人顧問団と共に中国側が構築した頑強な陣地と、よく訓練された中国兵の前に投入された日本兵などにとって、形勢挽回後の中国戦線が報償・復仇の場に転ずるのは、自然な流れであったろう。

反軍演説　軍と国民の、実のところ認識されていなかったずれに架橋すべく、日中戦争の意義づけに奔走したのが、第一次近衛内閣のブレイン組織・昭和研究会に集まった革新派官僚や知識人であったことはすでにみた。彼らは、①主権尊重、②無賠償・無併合、③経済開発を独占せず、④第三国権益を独占せず、⑤占領地域からの撤兵、などを主張していた。米内光政内閣も上記の方針を継承する。これを根底から批判したのが、四〇年二月二日の、民政党議員・斎藤隆夫の「反軍」演説であった。

斎藤は、①東洋の平和のために戦う聖戦だとの政府説明は成立しうるのか、②蔣介石を相手とせずに統治能力に疑問のある汪兆銘を相手とする事変解決は可能なのか、③「支那事変は最も露骨なる侵略戦争」なのに、なぜ政府は無賠償などというのか、と問いかけた(有馬学「戦争のパラダイム」)。米内内閣批判のかたちをとっていたが、聖戦などという欺瞞的なかけ声だけでは、日中戦争で死んだ兵士は浮かばれまい、との国民のナショナリズムをも代弁するものであった。国民は斎藤演説を支持し、三月に衆議院議員を除名された斎藤の許に多くの激励の手紙が寄せられていたことは、吉見義明『草の根のファシズム』が明らかにした。

三国同盟

四〇年七月に成立した第二次近衛内閣にとって、中国との戦争をめぐる、軍と国民の乖離はすでに危険な段階にあると感じられた。斎藤の批判も無視できなかった。また、欧州で快進撃を続けるドイツを目にし、ドイツに敗北したオランダやフランスなどの欧州諸国が有していたアジアの植民地の動静も問題となってきた。よって、とにかく日中戦争を解決し、欧州諸国によるアジアの植民地の処遇を早急にドイツと協議する、この二点がめざされた。

その結果、七月二七日の大本営政府連絡会議において「世界情勢の推移に伴う時局処理要綱」が採択される。要綱は、フランス領インドシナ北部(北部仏印)への武力行使を決意したもので、さらに①ドイツによる英国本土上陸、②日中停戦、の二条件が整った場合は、極東の英国領を攻略する、との武力南進構想も含まれていた。北部仏印への進駐が検討されたのは、援蔣《えんしょう》ルートを閉鎖し、重慶国民政府に直接和平を強いるためにほかならない。ドイツの快進撃という状況に直面して初めて陸軍は、南進による日中戦争解決を図るべく奔走することとなった。九月二七日にベルリンで調印された日独伊三国軍事同盟は、以上の文脈から説明できる。だが、陸軍が中国に正対した時、ドイツを媒介項として対米戦への芽が、胚胎されてゆく。

日露戦争を遣り直す

日本がドイツに接近したのは、四〇年五月からのドイツの電撃戦の戦果をみてからの話であったが、第二次世界大戦が勃発する前、三九年一月に成立した平沼騏《き》一郎《いちろう》内閣においてすでに、日独伊三国防共協定強化問題として協議されていた。この時点では、英仏を敵国とするか否かをめぐり陸海軍が対立したために、三国同盟は見送られた。注目されるのは、その紛糾の中で天皇が、三九年一月、湯《ゆ》浅倉平《あさくらへい》内大臣に漏らしたことばである。

「どうも今の陸軍にも困ったものだ。要するに各国から日本が強いられ、満洲、朝鮮をもともとにしてしまわれるまでは、到底目が覚めまい」(『西園寺公と政局』七巻、二七三頁)。婉曲な表現ながら、日露戦争で日本が獲得した満州の諸権益や、戦勝の五年後に併合された朝鮮など、すべてを失うまで、陸軍は目が覚めないだろうと天皇は述べていた。

一国の統治権の総攬《そうらん》者が、日露戦争以降の歴史をご破算にせずして陸軍の暴走は止まないだろうと予測するのをみるのは、驚くべきことだ。だが目も眩むような暗澹たる予想は、実のところ早くから多くの人々によって抱かれていた。三二年三月、調査団を率いて上海を訪れたリットンは、松岡洋右と二度会見した。その会見で松岡は、もし中国国民党の主張が満蒙に実現されれば「日本は再び日露戦争を遣り直さざるべからず」とまで述べていたのである。

再び満蒙問題

三二年の松岡の反応をみていると、満蒙問題で中国の主張が連盟に採択されることは、日本人の、主権や社会契約や国家を成り立たせている憲法原理(国体)に対する攻撃に等しい、との不退転の見方に立っていたことに気づく。三九年に天皇が危惧した陸軍の頑なさも、おそらく同様の起源に発していたものであったろう。

主権や社会契約や憲法原理の対立から、国家と国家は不可避的に戦いに向かってゆく。満蒙問題でいえば、日本人にとって戦いを不可避とする憲法原理とは何であったのだろうか。日本が満蒙に獲得した権益は、東インド会社など、私企業の獲得した権益と異なり、戦勝による講和条約によって規定されたものだった。つまり、原初から国際法的な色彩をもたされて成立したものであった。さらに二六年の統計は、日本の対外投資の六八%が満州に向けられ、投資額の九三%が国家関連であり、私企業のそれは七%に満たなかったことを教える。

国家関連であるということは、自己責任ではなく、組織をもたず自治能力をも欠く在留邦人が、国家権力に守られて現地に進出するという構図となる。一朝ことあれば国家権力の発動に依存する関係が日本と満州の間には成立していたことだろう。このような性格を満蒙権益がもっていた時、条約上の解釈が、到底、一義的に黒白がつけられないような問題について、法律的な議論を中国や連盟と正面から闘わせたらどうなるか。

こうして、話は、再び、「はじめに」と第1章に還ってゆく。

あとがき

「昔から、人は死んで名を残し、虎は死んで皮を残すものと申します」などと始まる前口上は、その後ろにいろいろな文章をつけて楽しめる。こまつ座『*the* 座』編集長の小田豊二などは「ライオンは死んで歯磨を残す」などとつなぐ。その伝でいえば、筆者の場合は、書けなかった一覧表を「あとがき」に残す、となろうか(まだ死んでいないが)。

『岩波書店の新刊』(二〇〇六年一一月)掲載の『シリーズ日本近現代史 全10巻』刊行開始の説明文には、「家族や軍隊のあり方、植民地の動きにも目配りをしながら、幕末から現在に至る日本の歩みをたどる新しい通史」とある。ポイントは、家族、軍隊、植民地の三つ。

この尺度でいえば、筆者の巻は赤点だろう。軍隊については嫌というほど書いた。植民地については、帝国内の経済秩序の文脈で言及したくらいであり、家族にいたっては索引に拾えないだろう。戦争の時代にあっての家族の問題については、優れた研究の多い分野であるだけに、自らの非力には、忸怩たる思いがある。

書けなかった理由は、家族を主語としてこの時代を描く覚悟と力が筆者になかったことによる。家族も大切だったというのではなく、家族は大切だったといいうる視角がなんとしても思い浮かばなかった。日中戦争の銃後における最大の特徴が、女性の組織化にあったことを、藤井忠俊『国防婦人会』は正確に言い当てた。戦争は女性も組織したのではない。市町村の団体動向でいえばこの時期、新設や構成員の増加があったのは女性団体だけであった。戦争は女性を組織したのである。この藤井の鋭利な視角を超える何かが筆者にはなかった。

また、父や夫や兄弟や息子を国家のために亡くした家族が「遺族」となってゆく時、国家や地域は彼らをいかに処遇したのか。その処遇の仕方の戦前と戦後の落差、遺骨の処遇にみる国家責任の果たし方の問題点を抉《えぐ》った、一ノ瀬俊也『銃後の社会史』を超える膂力《りょりょく》も筆者にはなかった。家族については、上記二冊を手にとっていただきたい。筆者自身も捲土重来を期して研究を続けたいと考える。

末筆ながら、いずこに向かうとも知れない筆者を実に上手く繋ぎとめ、かつ気持ちよく書かせてくださった編集部の上田麻里氏には、随分お世話をかけた。心から感謝申し上げる。

二〇〇七年五月

加藤陽子

日本史

古墳と埴輪　和田晴吾
〈一人前〉と戦後社会　禹宗杬・沼尻晃伸
豆腐の文化史　原田信男
桓武天皇　瀧浪貞子
読み書きの日本史　八鍬友広
日本中世の民衆世界　三枝暁子
森と木と建築の日本史　海野聡
幕末社会　須田努
江戸の学びと思想家たち　辻本雅史
上杉鷹山 「富国安民」の政治　小関悠一郎
藤原定家『明月記』の世界　村井康彦
性からよむ江戸時代　沢山美果子
景観からよむ日本の歴史　金田章裕
律令国家と隋唐文明　大津透
伊勢神宮と斎宮　西宮秀紀
百姓一揆　若尾政希

給食の歴史　藤原辰史
大化改新を考える　吉村武彦
江戸東京の明治維新　横山百合子
戦国大名と分国法　清水克行
東大寺のなりたち　森本公誠
武士の日本史　髙橋昌明
五日市憲法　新井勝紘
後醍醐天皇　兵藤裕己
茶と琉球人　武井弘一
近代日本一五〇年　山本義隆
語る歴史、聞く歴史　大門正克
義経伝説と為朝伝説 日本史の北と南　原田信男
出羽三山 山岳信仰の歴史を歩く　岩鼻通明
日本の歴史を旅する　五味文彦
一茶の相続争い　高橋敏
鏡が語る古代史　岡村秀典
日本の近代とは何であったか　三谷太一郎
戦国と宗教　神田千里

古代出雲を歩く　平野芳英
自由民権運動 〈デモクラシー〉の夢と挫折　松沢裕作
風土記の世界　三浦佑之
京都の歴史を歩く　小林丈広・高木博志・三枝暁子
蘇我氏の古代　吉村武彦
昭和史のかたち◆　保阪正康
「昭和天皇実録」を読む◆　原武史
生きて帰ってきた男　小熊英二
遺骨 戦没者三一〇万人の戦後史　栗原俊雄
在日朝鮮人 歴史と現在　水野直樹・文京洙
京都〈千年の都〉の歴史　高橋昌明
唐物の文化史◆　河添房江
小林一茶 時代を詠んだ俳諧師　青木美智男
信長の城　千田嘉博
出雲と大和　村井康彦
女帝の古代日本◆　吉村武彦
古代国家はいつ成立したか　都出比呂志

岩波新書新赤版一〇〇〇点に際して

ひとつの時代が終わったと言われて久しい。だが、その先にいかなる時代を展望するのか、私たちはその輪郭すら描きえていない。二〇世紀から持ち越した課題の多くは、未だ解決の緒を見つけることのできないままであり、二一世紀が新たに招きよせた問題も少なくない。グローバル資本主義の浸透、憎悪の連鎖、暴力の応酬——世界は混沌として深い不安の只中にある。

現代社会においては変化が常態となり、速さと新しさに絶対的な価値が与えられた。消費社会の深化と情報技術の革命は、種々の境界を無くし、人々の生活やコミュニケーションの様式を根底から変容させてきた。ライフスタイルは多様化し、一面では個人の生き方をそれぞれが選びとる時代が始まっている。同時に、新たな格差が生まれ、様々な次元での亀裂や分断が深まっている。社会や歴史に対する意識が揺らぎ、普遍的な理念に対する根本的な懐疑や、現実を変えることへの無力感がひそかに根を張りつつある。そして生きることに誰もが困難を覚える時代が到来している。

しかし、日常生活のそれぞれの場で、自由と民主主義を獲得し実践することを通じて、私たち自身がそうした閉塞を乗り超え、希望の時代の幕開けを告げてゆくことは不可能ではあるまい。そのためには、いま求められていること——それは、個と個の間で開かれた対話を積み重ねながら、人間らしく生きることの条件について一人ひとりが粘り強く思考することではないか。その営みの糧となるものが、教養に外ならないと私たちは考える。歴史とは何か、よく生きるとはいかなることか、世界そして人間はどこへ向かうべきなのか——こうした根源的な問いとの格闘が、文化と知の厚みを作り出し、個人と社会を支える基盤としての教養となった。まさにそのような教養への道案内こそ、岩波新書が創刊以来、追求してきたことである。

岩波新書は、日中戦争下の一九三八年一一月に赤版として創刊された。創刊の辞は、道義の精神に則らない日本の行動を憂慮し、批判的精神と良心的行動の欠如を戒めつつ、現代人の現代的教養を刊行の目的とする、と謳っている。以後、青版、黄版、新赤版と装いを改めながら、合計二五〇〇点余りを世に問うてきた。そして、いままた新赤版が一〇〇〇点を迎えたのを機に、人間の理性と良心への信頼を再確認し、それに裏打ちされた文化を培っていく決意を込めて、新しい装丁のもとに再出発したいと思う。一冊一冊から吹き出す新風が一人でも多くの読者の許に届くこと、そして希望ある時代への想像力を豊かにかき立てることを切に願う。

（二〇〇六年四月）

加藤陽子

1960年 埼玉県に生まれる
1989年 東京大学大学院博士課程修了
専攻ー日本近代史
現在ー東京大学大学院人文社会系研究科教授
著書ー『模索する一九三〇年代』(山川出版社)
『徴兵制と近代日本』(吉川弘文館)
『戦争の日本近現代史』(講談社)
『それでも、日本人は「戦争」を選んだ』(小林秀雄賞)『戦争まで』(紀伊國屋じんぶん大賞)(以上，朝日出版社)
『天皇と軍隊の近代史』(勁草書房)
『この国のかたちを見つめ直す』『歴史の本棚』(以上，毎日新聞出版)
『学問と政治 学術会議任命拒否問題とは何か』(岩波書店) ほか

満州事変から日中戦争へ
シリーズ 日本近現代史⑤　　岩波新書(新赤版)1046

2007年6月20日 第1刷発行
2024年12月5日 第26刷発行

著　者　加藤陽子《かとうようこ》

発行者　坂本政謙

発行所　株式会社 岩波書店
〒101-8002 東京都千代田区一ツ橋2-5-5
案内 03-5210-4000 営業部 03-5210-4111
https://www.iwanami.co.jp/

新書編集部 03-5210-4054
https://www.iwanami.co.jp/sin/

印刷製本・法令印刷　カバー・半七印刷

ISBN 978-4-00-431046-4　　Printed in Japan

索　引

さ 行

た 行

な 行

は 行

ま 行

や 行

ら・わ 行

略年表

日中外交関係を重視して年表としたので，一部年代が
第4巻と重複していることをお断りしておく．

年	日本及び日本関連	世　界
1900 (明治 33)	6 北清事変に派兵決定	8 連合軍，北京総攻撃
1905 (明治 38)	9 日露講和条約調印 12 満州に関する日清条約調印	1 ロシア，血の日曜日事件
1907 (明治 40)	7 第1回日露協約調印	8 英仏露三国協商
1910 (明治 43)	7 第2回日露協約調印 8 韓国併合	
1911 (明治 44)	2 日米新通商航海条約調印(関税自主権確立)	10 辛亥革命始まる
1912 (明治 45)	7 第3回日露協約調印	2 清朝滅亡 6 六国借款団成立
1914 (大正 3)	8 対独宣戦布告	7 第一次世界大戦勃発
1915 (大正 4)	5 対華二十一カ条要求	3 ブライアン・ノート
1917 (大正 6)	11 石井・ランシング協定締結	11 ロシア，10月革命
1918 (大正 7)	8 シベリア出兵 9 原敬内閣成立	11 第一次世界大戦終わる
1919 (大正 8)	4 関東都督府廃止，関東庁と関東軍司令部へ	6 ヴェルサイユ条約調印
1920 (大正 9)		10 新四国借款団成立
1921 (大正 10)	11 ワシントン会議参加 12 四カ国条約調印	
1923 (大正 12)	2 帝国国防方針第2次改定	
1925 (大正 14)	1 日ソ基本条約調印 4 治安維持法公布	10 北京関税会議始まる

1926 (昭和元)		7 北伐開始 12 イギリス,「12月メモランダム」
1927 (昭和 2)	4 田中義一内閣成立 6 東方会議開催	1 漢口の英租界,実力回収される
1928 (昭和 3)	3 3・15事件 4 第2次山東出兵 6 張作霖爆殺	8 不戦条約調印 10 ソ連,第1次5カ年計画 12 東三省易幟
1929 (昭和 4)	7 浜口雄幸内閣成立 11 金解禁	7 不戦条約発効 8 中ソ紛争勃発 10 世界恐慌
1931 (昭和 6)	3 三月事件起こる 9 柳条湖事件起こる 12 金輸出再禁止	5 広州国民政府 12 ソ連,対日不可侵条約提案
1932 (昭和 7)	3 満州国建国宣言.19人委員会設置 5 5・15事件 6 帝国議会,満州国承認決議 9 日満議定書調印,満州国承認 11 リットン報告書審議始まる	1 スティムソン・ドクトリン.第1次上海事変 12 連盟特別総会
1933 (昭和 8)	2 連盟,和協案から勧告案審議へ.日本軍,熱河侵攻 3 連盟脱退の詔書発布 5 塘沽停戦協定 9 広田弘毅,外相就任	2 連盟総会,勧告案採択 6 ロンドン世界経済会議 11 米ソ国交回復
1934 (昭和 9)	3 支那駐屯軍司令部「北支那占領地統治計画」	11 国民政府軍,瑞金占領
1935 (昭和 10)	6 梅津・何応欽「協定」締結 11 冀東防共自治委員会成立 12 冀察政務委員会成立	3 中国,排日禁止令公布 10 イタリア・エチオピア戦争 11 中国,幣制改革
1936 (昭和 11)	2 2・26事件 5 支那駐屯軍を増強	4 独中借款条約

	8 国策の基準 11 日独防共協定締結	12 西安事件
1937 (昭和 12)	2 林銑十郎内閣成立 6 第 1 次近衛文麿内閣成立 7 盧溝橋事件勃発 8 上海での戦闘本格化 9 臨時資金調整法，輸出入品等臨時措置法公布，軍需工業動員法 11 トラウトマン和平工作開始 12 南京占領，南京事件	5 アメリカ中立法改定 11 日独伊防共協定
1938 (昭和 13)	1 国民政府を対手とせずと声明 4 国家総動員法公布 5 徐州陥落．ドイツ，満州国承認 10 広東・武漢占領 11 東亜新秩序声明 12 近衛三原則を声明	2 中ソ軍事航空協定調印 3 ドイツ，オーストリア併合 9 ミュンヘン協定 12 汪兆銘，重慶脱出
1939 (昭和 14)	5 ノモンハン事件 7 日米通商航海条約の廃棄通告	8 独ソ不可侵条約調印 9 第二次世界大戦始まる
1940 (昭和 15)	6 新体制運動 7 第 2 次近衛内閣成立．「世界情勢の推移に伴う時局処理要綱」を決定 9 北部仏印進駐．日独伊三国軍事同盟調印 10 大政翼賛会発会式	5 チャーチル内閣成立 6 ドイツ軍，パリに無血入城 11 独ソ交渉決裂

参考文献

本文中に直接言及した文献のみを掲げ，資史料や刊行史料は除いた．紙数の関係からすべてを挙げられないのが残念であるが，実に多くの研究に教えられたことを付記しておく(各項目ごとに刊行年代順に配列)．

全体を通して

臼井勝美『日本と中国』原書房，1972年

坂野潤治『近代日本の外交と政治』研文出版，1985年

酒井哲哉『大正デモクラシー体制の崩壊』東京大学出版会，1992年

井上寿一『危機のなかの協調外交』山川出版社，1994年

クリストファー・ソーン，市川洋一訳『満州事変とは何だったのか』上・下，草思社，1994年

三谷太一郎『増補 日本政党政治の形成』東京大学出版会，1995年

黄自進「満州事変と中国国民党」中村勝範編『満州事変の衝撃』勁草書房，1996年

臼井勝美『日中外交史研究』吉川弘文館，1998年

服部龍二『東アジア国際環境の変動と日本外交』有斐閣，2001年

鹿錫俊『中国国民政府の対日政策』東京大学出版会，2001年

黄自進「蔣介石と満州事変」『法学研究』75巻1号，2002年

山室信一『キメラ 増補版』中公新書，2004年

永井和『日中戦争から世界戦争へ』思文閣出版，2007年

はじめに

藤原彰ほか『シンポジウム 日本歴史21 ファシズムと戦争』学生社，1973年

吉田健一『ヨオロッパの人間』講談社文芸文庫，1994年

第1章
吉田裕「満州事変下における軍部」『日本史研究』238号，1982年
江口圭一『十五年戦争小史』青木書店，1986年
中見立夫「地域概念の政治性」溝口雄三ほか編『アジアから考える1　交錯するアジア』東京大学出版会，1993年
NHK取材班編『理念なき外交「パリ講和会議」』角川文庫，1995年
石堂清倫『20世紀の意味』平凡社，2001年
内田尚孝『華北事変の研究』汲古書院，2006年

第2章
信夫淳平『満蒙特殊権益論』日本評論社，1932年
明石岩雄「第一次世界大戦後の中国問題と日本帝国主義」『日本史研究』150・151合併号，1975年.
明石岩雄「新四国借款団に関する一考察」『日本史研究』203号，1979年
三谷太一郎「国際金融資本とアジアの戦争」近代日本研究会編『年報 近代日本研究2　近代日本と東アジア』山川出版社，1980年
古屋哲夫編『日中戦争史研究』吉川弘文館，1984年
北岡伸一「二十一ヵ条再考」近代日本研究会編『年報 近代日本研究7　日本外交の危機認識』山川出版社，1985年
高村直助ほか編『日本歴史大系5　近代2』山川出版社，1989年
麻田貞雄『両大戦間の日米関係』東京大学出版会，1993年
森肇志「戦間期における「自衛権」概念の一断面」『社会科学研究』53巻4号，2002年
篠原初枝『戦争の法から平和の法へ』東京大学出版会，2003年
川島真『中国近代外交の形成』名古屋大学出版会，2004年
高原秀介『ウィルソン外交と日本』創文社，2006年

第3章
佐々木隆「陸軍「革新派」の展開」近代日本研究会編『年報 近

代日本研究 1　昭和期の軍部』山川出版社，1979 年
明石岩雄「新四国借款団に関する一考察」『日本史研究』203 号，1979 年(前掲)
横手慎二「ゲー・ヴェー・チチェーリンの外交(1918～1930 年)」『ロシア史研究』29 号，1979 年
デービッド J. ルー，長谷川進一訳『松岡洋右とその時代』TBS ブリタニカ，1981 年
筒井清忠『昭和期日本の構造』有斐閣，1984 年
酒井哲哉「「英米協調」と「日中提携」」近代日本研究会編『年報近代日本研究 11　協調政策の限界』山川出版社，1989 年
北岡伸一「支那課官僚の役割」日本政治学会編『年報政治学 1989』岩波書店，1990 年
佐藤元英『昭和初期対中国政策の研究』原書房，1992 年
マーク R. ピーティ，大塚健洋ほか訳『「日米対決」と石原莞爾』たまいらぼ，1993 年
エドワード・ミラー，沢田博訳『オレンジ計画』新潮社，1994 年
ジョン・マクマリー原著，アーサー・ウォルドロン編著，北岡伸一監訳，衣川宏訳『平和はいかに失われたか』原書房，1997 年
北村稔『第一次国共合作の研究』岩波書店，1998 年
久保亨『戦間期中国〈自立への模索〉』東京大学出版会，1999 年
富田武「中国国民革命とモスクワ」『成蹊法学』49 号，1999 年
三谷太一郎「一五年戦争下の日本軍隊」(上)『成蹊法学』53 号，2001 年
家近亮子『蔣介石と南京国民政府』慶應義塾大学出版会，2002 年
富田武「後藤新平訪ソと漁業協約交渉」『成蹊法学』61 号，2005 年
田嶋信雄「孫文の「中独ソ三国連合」構想と日本 1917-1924 年」服部龍二ほか編『戦間期の東アジア国際政治』中央大学出版部，2007 年
田嶋信雄「東アジア国際関係の中の日独関係」工藤章・田嶋信雄

編『日独関係史 I』東京大学出版会，2008 年

第 4 章

立作太郎『国際聯盟規約論』国際聯盟協会，1932 年
臼井勝美『満州事変』中公新書，1974 年
吉田裕「満州事変下における軍部」『日本史研究』238 号，1982 年(前掲)
山室建徳「社会大衆党小論」近代日本研究会編『年報 近代日本研究 5　昭和期の社会運動』山川出版社，1983 年
村井幸恵「上海事変と日本人商工業者」近代日本研究会編『年報 近代日本研究 6　政党内閣の成立と崩壊』山川出版社，1984 年
藤井忠俊『国防婦人会』岩波新書，1985 年
兪辛焞『満洲事変期の中日外交史研究』東方書店，1986 年
下斗米伸夫「スターリン体制とソ連の対日政策」近代日本研究会編『年報 近代日本研究 11　協調政策の限界』山川出版社，1989 年
季武嘉也「一ブロック紙の昭和戦前史」近代日本研究会編『年報 近代日本研究 12　近代日本と情報』山川出版社，1990 年
山本和重「無産運動における出征労働者家族生活保障問題」『北大史学』31 号，1991 年
髙綱博文「上海事変と日本人居留民」中央大学人文科学研究所編『日中戦争』中央大学出版部，1993 年
中村隆英『昭和史 I』東洋経済新報社，1993 年
臼井勝美『満洲国と国際連盟』吉川弘文館，1995 年
NHK 取材班編『満州事変 世界の孤児へ』角川文庫，1995 年
酒井哲哉「「東亜協同体論」から「近代化論」へ」日本政治学会編『年報政治学 1998』岩波書店，1999 年
小林啓治『国際秩序の形成と近代日本』吉川弘文館，2002 年
ボリス・スラヴィンスキー，ドミートリー・スラヴィンスキー，加藤幸廣訳『中国革命とソ連』共同通信社，2002 年
篠原初枝『戦争の法から平和の法へ』東京大学出版会，2003 年(前掲)
安井三吉『柳条湖事件から盧溝橋事件へ』研文出版，2003 年

藤岡健太郎「満洲問題の「発見」と日本の知識人」『九州史学』143号，2005年
内田尚孝『華北事変の研究』汲古書院，2006年（前掲）

第5章

三谷太一郎「国際環境の変動と日本の知識人」細谷千博ほか編『日米関係史』第4巻，東京大学出版会，1972年
伊藤隆『近衛新体制』中公新書，1983年
吉田裕「「国防国家」の構築と日中戦争」『一橋論叢』92巻1号，1984年
筒井清忠『昭和期日本の構造』有斐閣，1984年（前掲）
藤井忠俊『国防婦人会』岩波新書，1985年（前掲）
江口圭一『十五年戦争小史』青木書店，1986年（前掲）
吉見義明『草の根のファシズム』東京大学出版会，1987年
田嶋信雄「日独軍事協定問題」近代日本研究会編『年報 近代日本研究 11　協調政策の限界』山川出版社，1989年
原朗「高橋財政と景気回復」高村直助ほか編『日本歴史大系 5 近代 2』山川出版社，1989年
入江昭，篠原初枝訳『太平洋戦争の起源』東京大学出版会，1991年
益田実「極東におけるイギリスの宥和外交」(一)(二)『法学論叢』130巻1号，130巻4号，1991年
藤原彰『昭和天皇の十五年戦争』，青木書店，1991年
Jonathan Haslam, *The Soviet Union and the Threat from the East, 1933-41* (University of Pittsburgh Press, 1992)
田嶋信雄『ナチズム外交と「満洲国」』千倉書房，1992年
安藤正士「西安事件と中国共産党」『近代中国研究彙報』15号，1993年
伊藤隆『昭和期の政治 続』山川出版社，1993年
土田哲夫「コミンテルンと中国革命」『近代中国研究彙報』15号，1993年
野島博之「文学がとらえた戦争」『駿台フォーラム』駿河台学園，1995年

松崎昭一「支那駐屯軍増強問題」(上)(下)『國學院雑誌』96巻2,3号, 1995年
岸田五郎『張学良はなぜ西安事変に走ったか』中公新書, 1995年
原朗編『日本の戦時経済』東京大学出版会, 1995年
松浦正孝『日中戦争期における経済と政治』東京大学出版会, 1995年
光田剛「「白堅武日記」に見る九・一八事変」『立教法学』42号, 1995年
劉傑『日中戦争下の外交』吉川弘文館, 1995年
藤原彰『南京の日本軍』大月書店, 1997年
A. ベスト, 相澤淳訳「日中戦争と日英関係」軍事史学会編『日中戦争の諸相』錦正社, 1997年
松崎昭一「再考「梅津・何応欽協定」」軍事史学会編『日中戦争の諸相』錦正社, 1997年
荒川憲一「戦間期の戦争経済研究について」『軍事史学』139号, 1999年
黒野耐『帝国国防方針の研究』総和社, 2000年
光田剛「華北「地方外交」に関する考察」『近代中国研究彙報』22号, 2000年
鹿錫俊「「連ソ」問題を巡る国民政府の路線対立と「二重外交」」『北東アジア研究』1号, 2001年
藤原彰『餓死した英霊たち』青木書店, 2001年
堀和生「日本帝国の膨張と植民地工業化」秋田茂・籠谷直人編『1930年代のアジア国際秩序』溪水社, 2001年
松浦正孝『財界の政治経済史』東京大学出版会, 2002年
新谷尚紀「日赤看護婦と陣中日誌」『国立歴史民俗博物館研究報告』101集, 2003年
杉原薫「近代国際経済秩序の形成と展開」山本有造編『帝国の研究』名古屋大学出版会, 2003年
安井三吉『柳条湖事件から盧溝橋事件へ』研文出版, 2003年(前掲)
笹川裕史「糧食・兵士の戦時徴発と農村の社会変容」石島紀之・

参考文献

久保亨編『重慶国民政府史の研究』東京大学出版会，2004 年
堀和生「一九三〇年代の日中経済関係」台湾中央研究院近代史研究所主催国際シンポジウム「蔣介石と近代日中関係」での報告ペーパー，2004 年
坂野潤治『昭和史の決定的瞬間』ちくま新書，2004 年
笠原十九司「国民政府軍の構造と作戦」中央大学人文科学研究所編『民国後期中国国民党政権の研究』中央大学出版部，2005 年
森茂樹「大陸政策と日米開戦」歴史学研究会・日本史研究会編『日本史講座 9　近代の転換』東京大学出版会，2005 年
内田尚孝『華北事変の研究』汲古書院，2006 年(前掲)
前田哲男『戦略爆撃の思想 新訂版』凱風社，2006 年
宮杉浩泰「戦前期日本の暗号解読情報の伝達ルート」『日本歴史』703 号，2006 年
中村隆英『昭和経済史』岩波現代文庫，2007 年

おわりに
吉見義明『草の根のファシズム』東京大学出版会，1987 年(前掲)
有馬学「戦争のパラダイム」『比較社会文化』1 号，1995 年

あとがき
藤井忠俊『国防婦人会』岩波新書，1985 年(前掲)
一ノ瀬俊也『銃後の社会史』吉川弘文館，2005 年